김성곤 지음

다락원

JLPT 일본어능력시험

한권으로 끝내기 보카 N2

지은이 김성곤
펴낸이 정규도
펴낸곳 (주)다락원

초판 1쇄 발행 2025년 2월 10일

책임편집 손명숙, 송화록
디자인 황미연, 장미연(표지)

다락원 경기도 파주시 문발로 211
내용문의: (02)736-2031 내선 460~466
구입문의: (02)736-2031 내선 250~252
Fax: (02)732-2037
출판등록 1977년 9월 16일 제406-2008-000007호

ISBN 978-89-277-1304-3 14730
978-89-277-1301-2 (set)

http://www.darakwon.co.kr

- 다락원 홈페이지를 방문하시면 상세한 출판 정보와 함께 동영상 강좌, MP3 자료 등 다양한 어학 정보를 얻으실 수 있습니다.
- 다락원 홈페이지에 접속하시거나 표지의 QR코드를 스캔하시면 MP3 파일 및 관련자료를 다운로드 하실 수 있습니다.

머리말

일본어능력시험은 일본어 능력을 객관적으로 측정하는 가장 공신력 있는 시험으로, N5부터 N1까지 다섯 레벨이 있습니다. 각 레벨의 시험 영역 중에서 가장 기본이 되는 것은 역시 문자·어휘에 대한 이해, 즉 어휘력입니다. 본서는 일본어능력시험의 각 레벨에 필요한 어휘를 터득하는 것을 목표로 하고 있습니다.

상위 레벨로 올라갈수록 학습해야 할 단어가 많아지기 때문에, 무조건 외우기 보다는 출제 빈도가 높은 단어를 중심으로 학습하는 것이 효율적입니다. 본서는 35년 이상에 걸친 일본어능력시험의 출제 내용에 근거하여 약 8,000개의 어휘를 레벨별로 정리하여 제공하고 있습니다.

이 책을 학습할 때는 응시하고자 하는 레벨은 물론이고, 그 아래 하위 레벨의 단어도 학습할 필요가 있습니다. 예를 들어, N2를 응시하는 사람은 N3의 내용도 함께 학습하세요. N2는 N3 레벨의 내용을 포함하여 출제되기 때문입니다.

저자의 오랜 수험 경험과 지도 경험을 통해 볼 때 이 책만으로도 철저한 능력시험 대비는 물론, 여러분들의 일본어 실력 향상에도 도움이 되리라 확신합니다. 최고의 학습법은 반복입니다. 막연하게 어디선가 본 듯한 느낌만으로는 시험에 대비할 수 없습니다. 자신이 생길 때까지 지속적으로 반복하여 학습하기를 권합니다.

마지막으로 이 책이 발간되기까지 많은 격려를 해주신 다락원 정규도 사장님과 일본어출판부 관계자분들께 이 자리를 빌어 감사를 드립니다.

저자 김성곤

차례

1 품사별 + あいうえお순 구성

일본어능력시험 N5와 N4에 필요한 어휘와 함께 대표적인 용례들을 실었습니다. 수록된 모든 단어에 예문이 실려 있어 제시된 단어의 적절한 의미와 활용을 묻는 '용법' 유형의 문제에 대응할 수 있습니다.

2 2가지 버전의 MP3 파일

MP3 형식의 음성 파일을 2가지 버전으로 제공합니다. 단어와 예문의 네이티브 음성을 듣는 학습용 MP3와, 단어만을 모아 일본어 음성과 한국어 의미를 들려주는 암기용 MP3가 있습니다. 학습용은 책과 함께 차분하게 공부할 때, 암기용은 지하철이나 버스 등에서 책 없이 단어를 암기할 때 활용하면 좋습니다.

3 학습 스케줄

규칙적이고 효율적인 학습을 지속적으로 할 수 있도록 레벨별 30일 완성 학습 스케줄을 제공합니다.

4 Level별 문자·어휘 모의고사

학습 달성도를 확인할 수 있도록 실제 시험과 동일한 형식의 문자·어휘 모의고사를 제공합니다. 모의고사 문제를 풀며 실제 시험에 대비할 수 있습니다.

5 일일 쪽지시험

하루 분량의 학습을 마친 후 단어를 확실히 외웠는지 쪽지시험을 통해 확인할 수 있습니다. 쪽지시험은 다락원 홈페이지 학습자료실에서 다운받을 수 있습니다.

학습 방법

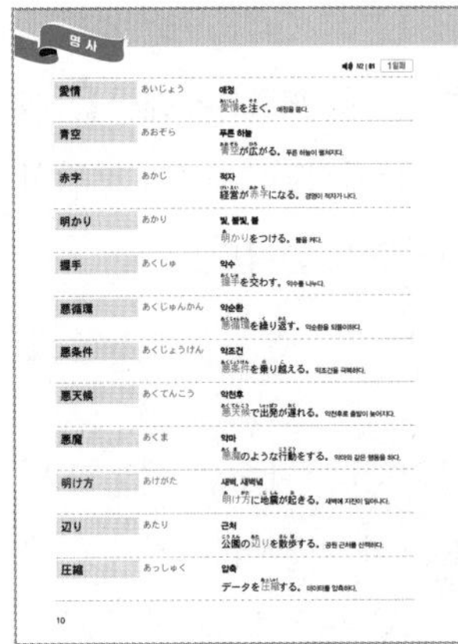

명사

N2 | 01 1일째

愛情	あいじょう	애정 愛情を注ぐ。애정을 쏟다.
青空	あおぞら	푸른 하늘 青空が広がる。푸른 하늘이 펼쳐지다.
赤字	あかじ	적자 経営が赤字になる。경영이 적자가 나다.
明かり	あかり	빛, 불빛, 불 明かりをつける。불을 켜다.
握手	あくしゅ	악수 握手を交わす。악수를 나누다.
悪循環	あくじゅんかん	악순환 悪循環を繰り返す。악순환을 되풀이하다.
悪条件	あくじょうけん	악조건 悪条件を乗り越える。악조건을 극복하다.
悪天候	あくてんこう	악천후 悪天候で出発が遅れる。악천후로 출발이 늦어지다.
悪魔	あくま	악마 悪魔のような行動をする。악마와 같은 행동을 하다.
明け方	あけがた	새벽, 새벽녘 明け方に地震が起きる。새벽에 지진이 일어나다.
辺り	あたり	근처 公園の辺りを散歩する。공원 근처를 산책하다.
圧縮	あっしゅく	압축 データを圧縮する。데이터를 압축하다.

10

◀ **단어**

단어를 품사별 + あいうえお순으로 나누어 수록하였습니다. 수록된 모든 단어에 예문을 실어 단어가 실제로 어떻게 쓰이는지 확인할 수 있습니다.

⊕ 추가단어
⊖ 비슷한 말
⊜ 반대말

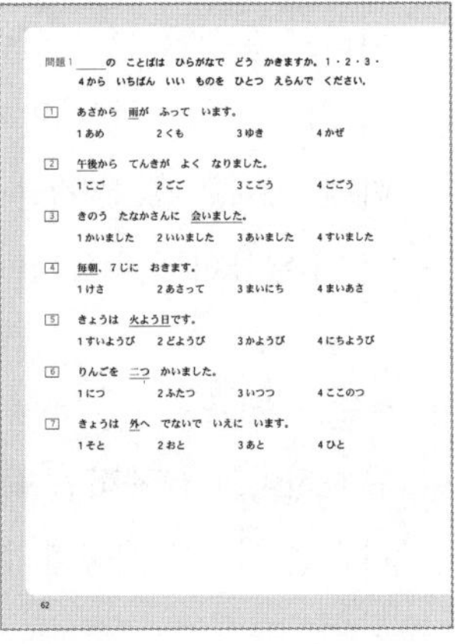

問題1 ＿＿の ことばは ひらがなで どう かきますか。1・2・3・4から いちばん いい ものを ひとつ えらんで ください。

1 あさから 雨が ふって います。
1 あめ　2 くも　3 ゆき　4 かぜ

2 午後から てんきが よく なりました。
1 こご　2 ごご　3 こごう　4 ごごう

3 きのう たなかさんに 会いました。
1 かいました　2 いいました　3 あいました　4 すいました

4 毎朝、7じに おきます。
1 けさ　2 あさって　3 まいにち　4 まいあさ

5 きょうは 火よう日です。
1 すいようび　2 どようび　3 かようび　4 にちようび

6 りんごを 二つ かいました。
1 につ　2 ふたつ　3 いつつ　4 ここのつ

7 きょうは 外へ でないで いえに います。
1 そと　2 おと　3 あと　4 ひと

62

모의고사 ▶

단어 학습을 마치면 실제 JLPT 시험 형식의 문자·어휘 파트 모의고사로 실력을 체크해봅시다. 해석과 답은 바로 뒤에 실려 있습니다.

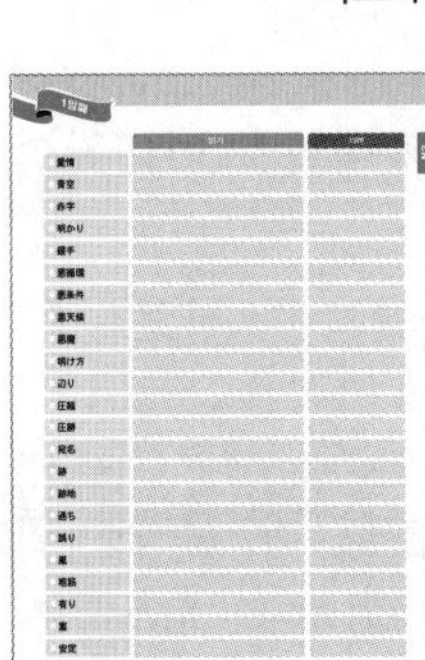

◀ **쪽지시험**

하루 분량의 학습을 끝낸 후 쪽지시험을 통해 단어를 확실히 암기했는지 확인합시다. 다락원 홈페이지에서 다운로드 받으세요.

MP3 활용법

버전1 학습용

단어와 예문의 네이티브 음성이 모두 들어 있습니다. 함께 들으면서 학습하면 자연스러운 일본어 발음을 익힐 수 있습니다.

버전2 암기용

일본어-한국어 순으로 단어만을 모아 놓았기 때문에 책이 없어도 지하철이나 버스 등에서 단어를 외울 수 있습니다.

학습 스케줄

매일 스케줄에 맞추어 하루 분량을 학습한 후 다락원 홈페이지 학습자료실에서 쪽지시험을 다운로드하여 확실히 단어를 암기했는지 꼭 체크해보세요.

N2

1일째	2일째	3일째	4일째	5일째
명사 10~16	명사 17~23	명사 24~30	명사 31~37	명사 38~44
6일째	**7일째**	**8일째**	**9일째**	**10일째**
명사 45~51	명사 52~58	명사 59~65	명사 66~72	명사 73~79
11일째	**12일째**	**13일째**	**14일째**	**15일째**
명사 80~86	명사 87~93	명사 94~100	명사 101~107	명사 108~114
16일째	**17일째**	**18일째**	**19일째**	**20일째**
명사 115~122	동사 123~128	동사 129~134	동사 135~140	동사 141~146
21일째	**22일째**	**23일째**	**24일째**	**25일째**
동사 147~152	동사 153~158	い형용사 159~164	な형용사 165~170	な형용사 171~176
26일째	**27일째**	**28일째**	**29일째**	**30일째**
な형용사, 부사 177~183	부사 184~189	부사 190~195	기타, 가타카나 196~202	가타카나 203~208

※숫자는 해당 page를 나타냄

JLPT 보카

N2

합격단어

명사 | 동사 | い형용사
な형용사 | 부사 | 기타 | 가타카나

명사

 N2 | 01 1일째

愛情	あいじょう	**애정** 愛情を注ぐ。 애정을 쏟다.
青空	あおぞら	**푸른 하늘** 青空が広がる。 푸른 하늘이 펼쳐지다.
赤字	あかじ	**적자** 経営が赤字になる。 경영이 적자가 나다.
明かり	あかり	**빛, 불빛, 불** 明かりをつける。 불을 켜다.
握手	あくしゅ	**악수** 握手を交わす。 악수를 나누다.
悪循環	あくじゅんかん	**악순환** 悪循環を繰り返す。 악순환을 되풀이하다.
悪条件	あくじょうけん	**악조건** 悪条件を乗り越える。 악조건을 극복하다.
悪天候	あくてんこう	**악천후** 悪天候で出発が遅れる。 악천후로 출발이 늦어지다.
悪魔	あくま	**악마** 悪魔のような行動をする。 악마와 같은 행동을 하다.
明け方	あけがた	**새벽, 새벽녘** 明け方に地震が起きる。 새벽에 지진이 일어나다.
辺り	あたり	**근처** 公園の辺りを散歩する。 공원 근처를 산책하다.
圧縮	あっしゅく	**압축** データを圧縮する。 데이터를 압축하다.

圧勝	あっしょう	**압승** 試合(しあい)で圧勝(あっしょう)する。 시합에서 압승하다.
宛名	あてな	**수신인명, 받는 사람** 封筒(ふうとう)に宛名(あてな)を書(か)く。 봉투에 수신인명을 쓰다.
跡	あと	**흔적** 犯人(はんにん)の跡(あと)を追(お)う。 범인의 흔적을 쫓다.
跡地	あとち	**터** 工場(こうじょう)の跡地(あとち)が公園(こうえん)になる。 공장 터가 공원이 되다.
過ち	あやまち	**잘못, 실패, 과오** 過(あやま)ちを犯(おか)す。 잘못을 저지르다.
誤り	あやまり	**오류, 잘못, 실수** 計算(けいさん)に誤(あやま)りがある。 계산에 오류가 있다.
嵐	あらし	**폭풍** 嵐(あらし)が吹(ふ)く。 폭풍이 불다.
粗筋	あらすじ	**개요** 計画(けいかく)の粗筋(あらすじ)を述(の)べる。 계획의 개요를 말하다.
有り	あり	**있음** 問題(もんだい)有(あ)りと考(かんが)える。 문제가 있다고 생각하다.
案	あん	**안, 생각** 新(あたら)しい案(あん)を提案(ていあん)する。 새로운 안을 제안하다.
安定	あんてい	**안정** 安定(あんてい)した暮(く)らしを送(おく)る。 안정된 생활을 보내다.
胃	い	**위, 위장** 胃(い)が痛(いた)い。 위가 아프다.
言い訳	いいわけ	**변명, 핑계** 言(い)い訳(わけ)ばかりする。 핑계만 대다.

委員	いいん	**위원** 委員を選出する。 위원을 선출하다.
勢い	いきおい	**기세** すごい勢いで動き出す。 대단한 기세로 움직이기 시작하다.
息抜き	いきぬき	**휴식, 잠시 숨을 돌림** 仕事も息抜きが必要だ。 일도 휴식이 필요하다.
居酒屋	いざかや	**선술집** 居酒屋で一杯飲む。 선술집에서 한잔 마시다.
遺産	いさん	**유산** 遺産を相続する。 유산을 상속하다.
維持	いじ	**유지** 現状を維持する。 현재 상태를 유지하다.
意識	いしき	**의식** 参加意識を高める。 참가 의식을 높이다.
衣装	いしょう	**의상** 花嫁衣装を着る。 신부 의상을 입다.
異常	いじょう	**이상** 体の異常を発見する。 몸의 이상을 발견하다.
異色	いしょく	**이색, 매우 특이함** 異色の経歴を持つ。 이색적인 경력을 지니다.
衣食住	いしょくじゅう	**의식주** 衣食住の心配がない。 의식주에 대한 걱정이 없다.
泉	いずみ	**샘, 샘물** 泉が湧く。 샘이 솟아나다.
いたずら		**장난** 子供がいたずらをする。 아이가 장난을 치다.

至るところ	いたるところ	**도처, 가는 곳마다** 至るところに花が咲く。 도처에 꽃이 피다.
一家	いっか	**일가, 가족 전체** 一家で旅行に出かける。 가족 전체가 여행을 떠나다.
一種	いっしゅ	**일종** この酒はウイスキーの一種だ。 이 술은 위스키의 일종이다.
一瞬	いっしゅん	**일순간** 一瞬で状況が変わる。 일순간에 상황이 바뀌다.
一睡	いっすい	**한잠, 짧은 잠** 一睡もしていない。 한잠도 못 자다.
一石二鳥	いっせきにちょう	**일석이조** 一石二鳥の効果がある。 일석이조의 효과가 있다.
一致	いっち	**일치** 意見が一致する。 의견이 일치하다.
一定	いってい	**일정** 一定の基準を満たす。 일정한 기준을 충족하다.
一転	いってん	**일전, 완전히 달라짐** 状況が一転する。 상황이 완전히 달라지다.
一方	いっぽう	**한편, 한쪽** 一方の話ばかり聞く。 한쪽 이야기만 듣는다.
移転	いてん	**이전** 会社が郊外に移転する。 회사가 교외로 이전하다.
井戸	いど	**우물** 井戸を掘る。 우물을 파다.
稲	いね	**벼** 稲が実る。 벼가 여물다.

違反 いはん

위반

交通違反をする。 교통 위반을 하다.

衣服 いふく

의복

衣服を着る。 의복을 입다.

遺物 いぶつ

유물

古代遺物を発見する。 고대 유물을 발견하다.

今頃 いまごろ

지금쯤

今頃は着いているはずだ。 지금쯤이면 도착했을 것이다.

意欲 いよく

의욕

働く意欲がない。 일할 의욕이 없다.

以来 いらい

이래

卒業して以来会っていない。

졸업한 이후로 만나지 못했다.

印刷 いんさつ

인쇄

試験問題を印刷する。 시험 문제를 인쇄하다.

印象 いんしょう

인상

いい印象を与える。 좋은 인상을 주다.

引退 いんたい

은퇴

現役から引退する。 현역에서 은퇴하다.

引用 いんよう

인용

文章を引用する。 문장을 인용하다.

引力 いんりょく

인력

太陽と地球の間に引力が働く。

태양과 지구 사이에 인력이 작용하다.

植木 うえき

정원수

庭に植木を植える。 뜰에 정원수를 심다.

打ち合わせ	うちあわせ	**협의** 担当者と打ち合わせをする。 담당자와 협의를 하다.
宇宙	うちゅう	**우주** 宇宙を研究する。 우주를 연구하다.
腕	うで	**팔** 腕を組む。 팔짱을 끼다.
腕前	うでまえ	**실력, 솜씨** 彼の料理の腕前は一流だ。 그의 요리 솜씨는 일류이다.
海沿い	うみぞい	**해안, 해변, 바닷가** 海沿いの道を走る。 바닷가 길을 달리다.
海辺	うみべ	**해변, 해안, 바닷가** 海辺で遊ぶ。 바닷가에서 놀다.
有無	うむ	**유무** 問題の有無を確認する。 문제의 유무를 확인하다.
裏口	うらぐち	**뒷문** 裏口から家に入る。 뒷문으로 집에 들어가다.
恨み	うらみ	**원한** 恨みを抱く。 원한을 품다.
売れ行き	うれゆき	**팔림새** 商品の売れ行きが好調だ。 상품의 팔림새가 좋다.
運行	うんこう	**운행** バスを運行する。 버스를 운행하다.
運賃	うんちん	**운임** 運賃を支払う。 운임을 지불하다.
衛生	えいせい	**위생** 衛生に気をつける。 위생에 주의하다.

衛星	えいせい	**위성** 通信衛星を打ち上げる。 통신 위성을 쏘아 올리다.
液体	えきたい	**액체** 水は液体だ。 물은 액체이다.
餌	えさ	**먹이** 鳥に餌をやる。 새에게 먹이를 주다.
会釈	えしゃく	**인사, 가벼운 인사** 軽く会釈する。 가볍게 인사하다.
得手 ↔ 不得手 못하는 것	えて	**장기, 특기, 잘하는 것** だれにも得手不得手がある。 누구에게나 잘하고 못하는 것이 있다.
絵の具	えのぐ	**물감, 그림물감** 絵の具で絵を描く。 물감으로 그림을 그리다.
絵本	えほん	**그림책** 子供に絵本を読み聞かせる。 아이에게 그림책을 읽어 주다.
延期	えんき	**연기, 뒤로 미룸** 会議が延期になる。 회의가 연기되다.
演技	えんぎ	**연기** 役者の演技に感動する。 배우의 연기에 감동하다.
園芸	えんげい	**원예** 園芸を趣味にしている。 원예를 취미로 하고 있다.
演習	えんしゅう	**연습, 훈련** 実戦に備えて演習する。 실전에 대비하여 연습하다.
援助	えんじょ	**원조, 도와줌** 資金を援助する。 자금을 원조하다.

演説	えんぜつ	**연설** 候補者(こうほしゃ)が演説(えんぜつ)する。 후보자가 연설하다.
円高	えんだか	**엔고, 엔화 강세** 円高(えんだか)が進(すす)む。 엔화 강세가 진행되다.
延長	えんちょう	**연장, 길어짐, 이어짐** 契約(けいやく)を延長(えんちょう)する。 계약을 연장하다.
煙突	えんとつ	**굴뚝** 煙突(えんとつ)から煙(けむり)が上(あ)がる。 굴뚝에서 연기가 오르다.
円安	えんやす	**엔하락, 엔화 약세** 円安(えんやす)で物価(ぶっか)が上(あ)がる。 엔화 약세로 물가가 오르다.
甥	おい	**남자 조카** 甥(おい)の誕生日(たんじょうび)を祝(いわ)う。 조카의 생일을 축하하다.
王女	おうじょ	**왕녀, 공주** 王女(おうじょ)がパーティーに出席(しゅっせき)する。 공주가 파티에 참석하다.
応接	おうせつ	**응접** 客(きゃく)の応接(おうせつ)をする。 손님을 응접하다.
応対	おうたい	**응대, 상대** 丁寧(ていねい)に応対(おうたい)する。 공손히 응대하다.
横断	おうだん	**횡단** 道路(どうろ)を横断(おうだん)する。 도로를 횡단하다.
欧米	おうべい	**구미, 유럽과 미국** 欧米(おうべい)を旅行(りょこう)する。 유럽과 미국을 여행하다.
応募	おうぼ	**응모** コンテストに応募(おうぼ)する。 콘테스트에 응모하다.
往来	おうらい	**왕래** 人(ひと)の往来(おうらい)が多(おお)い。 사람의 왕래가 많다.

大型	おおがた	**대형** 大型トラックが通る。 대형 트럭이 지나가다.
大声	おおごえ	**큰 소리** 大声で叫ぶ。 큰 소리로 외치다.
大昔	おおむかし	**아주 먼 옛날** 大昔のことを覚えている。 아주 먼 옛날 일을 기억하고 있다.
多め	おおめ	**조금 많은 듯함, 넉넉함** 多めの砂糖を入れる。 넉넉하게 설탕을 넣다.
丘	おか	**언덕** 海の見える丘に登る。 바다가 보이는 언덕에 오르다.
おかず		**반찬** おかずがおいしくない。 반찬이 맛이 없다.
悪寒	おかん	**오한** 悪寒がする。 오한이 나다.
沖	おき	**바다, 먼바다** 沖に船が見える。 먼바다에 배가 보인다.
お気に入り	おきにいり	**마음에 듦** お気に入りのシャツを買う。 마음에 드는 셔츠를 사다.
お辞儀	おじぎ	**인사, 절** 礼儀正しくお辞儀をする。 예의 바르게 인사를 하다.
おしゃべり		**수다, 잡담** 電話でおしゃべりする。 전화로 수다를 떨다.
汚染	おせん	**오염** 川が汚染される。 강이 오염되다.
恐れ	おそれ	**두려움, 우려** 彼は恐れを知らない。 그는 두려움을 모른다.

鬼	おに	**도깨비, 귀신** 鬼(おに)と戦(たたか)うアニメが人気(にんき)だ。 귀신과 싸우는 애니메이션이 인기가 있다.
お昼	おひる	**점심, 점심 식사** 一緒(いっしょ)にお昼(ひる)を食(た)べませんか。 같이 점심 먹지 않을래요?
お前	おまえ	**너** お前(まえ)は何(なに)を言(い)っているんだ。 너는 무슨 소리를 하고 있는 거야.
おまけ		**덤, 경품** おまけをつける。 덤을 주다.
お見合い	おみあい	**맞선** お見合(みあ)いをする。 맞선을 보다.
泳ぎ	およぎ	**헤엄, 수영** 海(うみ)で泳(およ)ぎを楽(たの)しむ。 바다에서 수영을 즐기다.
恩恵	おんけい	**은혜, 혜택** 自然(しぜん)の恩恵(おんけい)を受(う)ける。 자연의 혜택을 받다.
温帯	おんたい	**온대** 日本(にほん)は温帯(おんたい)に属(ぞく)する。 일본은 온대에 속한다.
御中	おんちゅう	**귀중(단체 뒤에 붙이는 말)** 会社宛(かいしゃあて)の郵便物(ゆうびんぶつ)に「御中(おんちゅう)」と書(か)く。 회사 앞으로 보내는 우편물에 '귀중'이라고 쓰다.
音程	おんてい	**음정** 正(ただ)しい音程(おんてい)で歌(うた)う。 바른 음정으로 노래하다.
蚊	か	**모기** 蚊(か)に刺(さ)される。 모기에게 물리다.
害	がい	**해, 손해** 農作物(のうさくぶつ)に害(がい)を及(およ)ぼす。 농작물에 해를 끼치다.

開会	かいかい	**개회** 会議(かいぎ)が開会(かいかい)する。 회의가 개회하다.
会見	かいけん	**회견** 記者(きしゃ)会見(かいけん)が行(おこな)われる。 기자 회견이 열리다.
外見	がいけん	**외관, 겉모습** 外見(がいけん)だけで判断(はんだん)しない。 겉모습만으로 판단하지 않는다.
介護	かいご	**간호, 간병** 介護(かいご)サービスを利用(りよう)する。 간호 서비스를 이용하다.
外交	がいこう	**외교** 外国(がいこく)と外交(がいこう)関係(かんけい)を結(むす)ぶ。 외국과 외교 관계를 맺다.
開催	かいさい	**개최** イベントを開催(かいさい)する。 이벤트를 개최하다.
改札 ⊜ 改札機(かいさつき) 개찰기	かいさつ	**개찰, 개찰구** 駅(えき)の改札(かいさつ)を通(とお)る。 역 개찰구를 통과하다.
解散	かいさん	**해산** 国会(こっかい)が解散(かいさん)する。 국회가 해산하다.
開始	かいし	**개시** 試合(しあい)を開始(かいし)する。 시합을 개시하다.
解釈	かいしゃく	**해석** この表現(ひょうげん)は解釈(かいしゃく)が難(むずか)しい。 이 표현은 해석이 어렵다.
解消	かいしょう	**해소** 誤解(ごかい)を解消(かいしょう)する。 오해를 해소하다.
海上	かいじょう	**해상** 海上(かいじょう)は波(なみ)が高(たか)い。 해상은 파도가 높다.
回数券	かいすうけん	**회수권** 回数券(かいすうけん)を買(か)う。 회수권을 사다.

改正	かいせい	**개정** 法律(ほうりつ)を改正(かいせい)する。 법률을 개정하다.
快晴	かいせい	**쾌청** 今日(きょう)は快晴(かいせい)だ。 오늘은 쾌청하다.
開設	かいせつ	**개설** 支店(してん)を開設(かいせつ)する。 지점을 개설하다.
改善	かいぜん	**개선** 状況(じょうきょう)が改善(かいぜん)する。 상황이 개선되다.
改造	かいぞう	**개조** 倉庫(そうこ)を工場(こうじょう)に改造(かいぞう)する。 창고를 공장으로 개조하다.
快速	かいそく	**쾌속** 快速電車(かいそくでんしゃ)に乗(の)る。 쾌속 전철을 타다.
開通	かいつう	**개통** 新(あたら)しい道路(どうろ)が開通(かいつう)する。 새 도로가 개통되다.
回転	かいてん	**회전** 車輪(しゃりん)が回転(かいてん)する。 차바퀴가 회전하다.
解答	かいとう	**해답, 정답** 正(ただ)しい解答(かいとう)をする。 바른 해답을 하다.
回答	かいとう	**회답, 대답** アンケートに回答(かいとう)する。 설문 조사에 회답하다.
飼い主	かいぬし	**동물을 기르는 사람, 보호자** マナーの悪(わる)い飼(か)い主(ぬし)がいる。 매너가 나쁜 보호자가 있다.
会費	かいひ	**회비** 会費(かいひ)を払(はら)う。 회비를 내다.
回復	かいふく	**회복** 徐々(じょじょ)に体調(たいちょう)が回復(かいふく)する。 서서히 몸 상태가 회복되다.

解放	かいほう	**해방** ストレスから解放される。 스트레스에서 해방되다.
海面	かいめん	**해면, 해수면** 月の明かりで海面が輝く。 달빛에 해수면이 반짝이다.
解約	かいやく	**해약** 保険を解約する。 보험을 해약하다.
海洋	かいよう	**해양** 海洋の環境を守る。 해양 환경을 지키다.
概要	がいよう	**개요** 計画の概要を説明する。 계획의 개요를 설명하다.
概論	がいろん	**개론** 経済学の概論を学ぶ。 경제학 개론을 배우다.
家屋	かおく	**가옥** 古い家屋が建ち並ぶ。 낡은 가옥이 늘어서다.
顔つき	かおつき	**얼굴 생김새, 용모** 優しい顔つきをする。 상냥한 얼굴을 하다.
かかりつけ		**담당의, 주치의** かかりつけの医者に診てもらう。 담당 의사에게 진찰을 받다.
垣根	かきね	**울타리** 垣根で庭を囲む。 울타리로 마당을 에워싸다.
限り	かぎり	**한계, 한도, 끝, 한정됨** 限りある資源を大切にする。 한정된 자원을 소중히 하다.
架空	かくう	**가공, 상상, 허구** この映画は架空の話だ。 이 영화는 허구의 이야기이다.
各自	かくじ	**각자** 費用は各自で負担する。 비용은 각자 부담하다.

学者	がくしゃ	**학자** 有名(ゆうめい)な学者(がくしゃ)が集(あつ)まる。 유명한 학자가 모이다.
拡充	かくじゅう	**확충** 施設(しせつ)を拡充(かくじゅう)する。 시설을 확충하다.
学術	がくじゅつ	**학술** 学術用語(がくじゅつようご)は難(むずか)しい。 학술 용어는 어렵다.
核心	かくしん	**핵심** 問題(もんだい)の核心(かくしん)を明(あき)らかにする。 문제의 핵심을 명확하게 하다.
各人	かくじん	**각자, 각각** 各人(かくじん)の意見(いけん)を尊重(そんちょう)する。 각자의 의견을 존중하다.
拡張	かくちょう	**확장** 事業(じぎょう)を拡張(かくちょう)する。 사업을 확장하다.
角度	かくど	**각도** 角度(かくど)を測(はか)る。 각도를 재다.
学年	がくねん	**학년** 学年(がくねん)が上(あ)がる。 학년이 올라가다.
確保	かくほ	**확보** 指定席(していせき)を確保(かくほ)する。 지정석을 확보하다.
確率	かくりつ	**확률** 成功(せいこう)する確率(かくりつ)は低(ひく)い。 성공할 확률은 낮다.
影	かげ	**그림자** 影(かげ)が差(さ)す。 그림자가 드리우다.
可決	かけつ	**가결** 議案(ぎあん)が可決(かけつ)される。 의안이 가결되다.
かけら		**파편, 단편, 조각** ガラスのかけらで怪我(けが)をする。 유리 파편에 다치다.

加減	かげん	**가감, 조절** お湯(ゆ)の温度(おんど)を加減(かげん)する。 온수의 온도를 조절하다.
籠	かご	**바구니** 籠(かご)を持(も)って買(か)い物(もの)に行(い)く。 바구니를 들고 장을 보러 가다.
下降	かこう	**하강** 飛行機(ひこうき)が下降(かこう)する。 비행기가 하강하다.
加工	かこう	**가공** 素材(そざい)を加工(かこう)する。 소재를 가공하다.
火山	かざん	**화산** 火山(かざん)が噴火(ふんか)する。 화산이 분화하다.
家事	かじ	**가사, 집안일** 家事(かじ)を手伝(てつだ)う。 집안일을 돕다.
過失	かしつ	**과실, 실수** 過失(かしつ)を認(みと)める。 과실을 인정하다.
果実	かじつ	**과실, 과일, 열매** 果実(かじつ)でジャムを作(つく)る。 과일로 잼을 만들다.
貸家	かしや	**셋집** 貸家(かしや)を探(さが)す。 셋집을 구하다.
課税	かぜい	**과세** 所得(しょとく)に課税(かぜい)する。 소득에 과세하다.
化石	かせき	**화석** 化石(かせき)を発見(はっけん)する。 화석을 발견하다.
下線	かせん	**밑줄** 下線(かせん)を引(ひ)く。 밑줄을 긋다.
加速	かそく	**가속** 車(くるま)を加速(かそく)する。 차를 가속하다.

肩	かた	**어깨** 肩を組む。 어깨동무를 하다.
塊	かたまり	**덩어리, 뭉치** 道に雪の塊がある。 길에 눈 뭉치가 있다.
片道	かたみち	**편도** 片道の切符を買う。 편도 표를 사다.
学会	がっかい	**학회** 学会で発表する。 학회에서 발표하다.
学級	がっきゅう	**학급** 各学年を3学級に分ける。 각 학년을 세 학급으로 나누다.
括弧	かっこ	**괄호** 括弧を付ける。 괄호를 붙이다.
格好	かっこう	**모양, 겉모습** 格好を気にする。 겉모습에 신경을 쓰다.
各国	かっこく	**각국** 各国の代表が出席する。 각국의 대표가 참석하다.
活字	かつじ	**활자** 活字が小さい。 활자가 작다.
活躍	かつやく	**활약** 試合で活躍する。 시합에서 활약하다.
活用	かつよう	**활용** 人材を活用する。 인재를 활용하다.
活力	かつりょく	**활력** 活力が湧く。 활력이 솟다.
課程	かてい	**과정(코스)** 修士課程を修了する。 석사 과정을 수료하다.

過程 かてい
과정(진행 과정)
成長の過程を記録する。 성장 과정을 기록하다.

稼働 かどう
➕ フル稼働 풀가동
가동, 기계를 움직임
新しい機械を稼働させる。 새 기계를 가동시키다.

仮名 かな
가나(일본의 문자)
日本語は漢字と仮名を混ぜて書く。
일본어는 한자와 가나를 섞어서 쓴다.

鐘 かね
종
鐘が鳴り響く。 종이 울려 퍼지다.

加熱 かねつ
가열
食材を加熱する。 식재료를 가열하다.

過半数 かはんすう
과반수
過半数の賛成を得る。 과반수의 찬성을 얻다.

かび
곰팡이
かびが生える。 곰팡이가 피다.

株 かぶ
⊖ 株式
주식
株が上がる。 주식이 오르다.

釜 かま
솥
釜でご飯を炊く。 솥으로 밥을 짓다.

髪型 かみがた
머리 모양
髪型を変える。 머리 모양을 바꾸다.

紙くず かみくず
휴지
紙くずを拾う。 휴지를 줍다.

神様 かみさま
신
神様に祈る。 신에게 빌다.

剃刀 かみそり
면도칼
剃刀でひげを剃る。 면도칼로 수염을 깎다.

雷	かみなり	**천둥, 벼락** 雷(かみなり)が鳴(な)る。 천둥이 치다.
髪の毛 ⊜ 髪(かみ)	かみのけ	**머리카락** 髪(かみ)の毛(け)を切(き)る。 머리카락을 자르다.
貨物	かもつ	**화물** トラックで貨物(かもつ)を運(はこ)ぶ。 트럭으로 화물을 운반하다.
殻	から	**껍질, 껍데기, 외피** 卵(たまご)の殻(から)を割(わ)る。 달걀 껍질을 깨다.
柄	がら	**① 무늬** このシャツは柄(がら)が派手(はで)だ。 이 셔츠는 무늬가 화려하다. **② 몸집** 彼(かれ)は柄(がら)が大(おお)きい。 그는 몸집이 크다. **③ 성격** 彼(かれ)は柄(がら)が悪(わる)い。 그는 성격이 나쁘다.
空梅雨	からつゆ	**마른장마, 장마철에 비가 오지 않음** 今年(ことし)は空梅雨(からつゆ)だった。 올해는 마른장마였다.
川岸	かわぎし	**냇가, 강가, 강기슭** 川岸(かわぎし)を散歩(さんぽ)する。 강가를 산책하다.
革靴	かわぐつ	**가죽 구두** 革靴(かわぐつ)を磨(みが)く。 가죽 구두를 닦다.
為替	かわせ	**환율** 為替(かわせ)レートが変動(へんどう)する。 환율이 변동하다.
瓦	かわら	**기와** 地震(じしん)で瓦(かわら)が落(お)ちる。 지진으로 기와가 떨어지다.
癌	がん	**암** 癌(がん)と診断(しんだん)される。 암으로 진단 받다.

換気	かんき	**환기** 窓を開けて換気する。 창문을 열어 환기하다.
観客	かんきゃく	**관객** 観客が拍手する。 관객이 박수치다.
関係	かんけい	**관계** 事件に関係する。 사건에 관계되다.
歓迎	かんげい	**환영** 新入生を歓迎する。 신입생을 환영하다.
関係者	かんけいしゃ	**관계자** 関係者の話を聞く。 관계자의 이야기를 듣다.
感激	かんげき	**감격** 感激して泣いてしまう。 감격하여 울어 버리다.
観察	かんさつ	**관찰** 動物の行動を観察する。 동물의 행동을 관찰하다.
監視	かんし	**감시** 国境を監視する。 국경을 감시하다.
元日	がんじつ	**설날, 새해 첫날** 元日に初詣に行く。 새해 첫날에 첫 참배하러 가다.
鑑賞	かんしょう	**감상** 美術品を鑑賞する。 미술품을 감상하다.
勘定	かんじょう	**계산, 지불** 勘定を済ませる。 계산을 마치다.
完成	かんせい	**완성** 作品が完成する。 작품이 완성되다.
乾燥	かんそう	**건조** 洗濯物を乾燥させる。 빨래를 건조시키다.

観測	かんそく	**관측** 星(ほし)を観測(かんそく)する。 별을 관측하다.
寒帯	かんたい	**한대, 추운 지역** 寒帯(かんたい)は一年中(いちねんじゅう)寒(さむ)い。 한대는 일년 내내 춥다.
勘違い	かんちがい	**착각, 오해** 勘違(かんちが)いをする。 착각을 하다.
官庁	かんちょう	**관청** 官庁(かんちょう)から許可(きょか)を受(う)ける。 관청으로부터 허가를 받다.
缶詰	かんづめ	**통조림** 缶詰(かんづめ)を開(あ)ける。 통조림을 따다.
乾電池	かんでんち	**건전지** 乾電池(かんでんち)を交換(こうかん)する。 건전지를 교환하다.
監督	かんとく	**감독** 試験(しけん)の監督(かんとく)をする。 시험 감독을 하다.
館内	かんない	**관내** 図書館(としょかん)の館内(かんない)は禁煙(きんえん)です。 도서관의 관내는 금연입니다.
観念	かんねん	**관념** 時間(じかん)の観念(かんねん)がない。 시간 관념이 없다.
看板	かんばん	**간판** 看板(かんばん)を設置(せっち)する。 간판을 설치하다.
看病	かんびょう	**간병** 病人(びょうにん)を看病(かんびょう)する。 환자를 간병하다.
願望	がんぼう	**소망, 소원** 願望(がんぼう)が叶(かな)う。 소원이 이루어지다.
勧誘	かんゆう	**권유** 勧誘(かんゆう)を受(う)ける。 권유를 받다.

管理 かんり
관리
ビルを管理する。 빌딩을 관리하다.

完了 かんりょう
완료
作業が完了する。 작업이 완료되다.

関連 かんれん
관련
二つの事件は関連がある。 두 사건은 관련이 있다.

気圧 きあつ
기압
気圧が下がる。 기압이 내려가다.

議員 ぎいん
의원
議員に選ばれる。 의원으로 선출되다.

記憶 きおく
기억
まったく記憶にない。 전혀 기억에 없다.

議会 ぎかい
의회
議会で審議する。 의회에서 심의하다.

着替え きがえ
옷을 갈아입음
子供が一人で着替えをする。
아이가 혼자서 옷을 갈아입다.

企画 きかく
기획
企画を立てる。 기획을 세우다.

機関 きかん
기관
大雪で交通機関に影響が出る。
폭설로 교통 기관에 영향이 나타나다.

危機 きき
위기
経営危機に直面する。 경영 위기에 직면하다.

企業 きぎょう
기업
就職したい企業を調べる。
취직하고 싶은 기업을 조사하다.

飢饉	ききん	**기근, 모자람** 飢饉(ききん)に苦(くる)しむ。 기근에 시달리다.
器具	きぐ	**기구** 料理用(りょうりよう)の器具(きぐ)をそろえる。 요리용 기구를 갖추다.
機嫌	きげん	**기분, 심기** 機嫌(きげん)がいい。 기분이 좋다.
気候	きこう	**기후, 날씨** 気候(きこう)が穏(おだ)やかだ。 기후가 온화하다.
記号	きごう	**기호** 記号(きごう)をつける。 기호를 붙이다.
岸	きし	**물가, 기슭, 벼랑** 川(かわ)の岸(きし)に立(た)つ。 강기슭에 서다.
生地	きじ	**① 본성** 生地(きじ)が出(で)る。 본성이 나오다. **② 옷감, 원단** 好(す)きな生地(きじ)を選(えら)ぶ。 좋아하는 옷감을 고르다. **③ 반죽** パンの生地(きじ)を焼(や)く。 빵 반죽을 굽다.
技師	ぎし	**기사, 엔지니어** 技師(ぎし)として働(はたら)く。 엔지니어로 일하다.
儀式	ぎしき	**의식, 행사** 儀式(ぎしき)に参加(さんか)する。 의식에 참가하다.
貴社	きしゃ	**귀사(상대방 회사의 높임)** 貴社(きしゃ)の発展(はってん)を祈(いの)ります。 귀사의 발전을 기원합니다.
基準	きじゅん	**기준** 評価(ひょうか)の基準(きじゅん)を示(しめ)す。 평가의 기준을 제시하다.

起床	きしょう	**기상, 잠자리에서 일어남** 起床(きしょう)時間(じかん)は７時(しちじ)だ。 기상 시간은 7시이다.
奇数	きすう	**기수, 홀수** 奇数(きすう)のページに見出(みだ)しをつける。 홀수 페이지에 표제를 달다.
帰省	きせい	**귀성, 고향으로 돌아감** 連休(れんきゅう)に帰省(きせい)する。 연휴에 귀성하다.
基礎	きそ	**기초, 토대** 基礎(きそ)を学(まな)ぶ。 기초를 배우다.
基地	きち	**기지** 基地(きち)を建設(けんせつ)する。 기지를 건설하다.
議長	ぎちょう	**의장** 議長(ぎちょう)を務(つと)める。 의장을 맡다.
きっかけ		**계기** 話(はなし)のきっかけを作(つく)る。 이야기의 계기를 만들다.
喫茶	きっさ	**차를 마심** 景色(けしき)を眺(なが)めながら喫茶(きっさ)する。 경치를 바라보며 차를 마시다.
起動	きどう	**기동, 시동, 부팅** パソコンを起動(きどう)する。 컴퓨터를 부팅하다.
機能	きのう	**기능** 新(あたら)しい機能(きのう)を追加(ついか)する。 새로운 기능을 추가하다.
基盤	きばん	**기반, 토대** 経営(けいえい)の基盤(きばん)を固(かた)める。 경영의 기반을 다지다.
寄付	きふ	**기부** 図書館(としょかん)に本(ほん)を寄付(きふ)する。 도서관에 책을 기부하다.

規模	きぼ	**규모** 規模を拡大する。 규모를 확대하다.
気味	きみ	**기미, 기운, 낌새** 朝から風邪の気味がある。 아침부터 감기 기운이 있다.
義務	ぎむ	**의무** 義務を果たす。 의무를 다하다.
客席	きゃくせき	**객석** 客席は満員だ。 객석은 만원이다.
休講	きゅうこう	**휴강** 明日の講義は休講だ。 내일 강의는 휴강이다.
求婚	きゅうこん	**구혼, 청혼** 求婚を受け入れる。 청혼을 받아들이다.
吸収	きゅうしゅう	**흡수** 知識を吸収する。 지식을 흡수하다.
救助	きゅうじょ	**구조** 人命を救助する。 인명을 구조하다.
求人	きゅうじん	**구인** 求人広告を出す。 구인 광고를 내다.
休息	きゅうそく	**휴식** 休息を取る。 휴식을 취하다.
教員	きょういん	**교원, 교사, 교수** 大学の教員になる。 대학 교수가 되다.
境界	きょうかい	**경계** 境界を接する。 경계를 접하다.
競技	きょうぎ	**경기** 競技に参加する。 경기에 참가하다.

行儀	ぎょうぎ	**예의, 버릇, 몸가짐, 예의범절** 行儀(ぎょうぎ)が悪(わる)い。 버릇이 없다.
供給	きょうきゅう	**공급** 供給(きょうきゅう)を増(ふ)やす。 공급을 늘리다.
行事	ぎょうじ	**행사** 行事(ぎょうじ)の準備(じゅんび)を進(すす)める。 행사 준비를 진행하다.
恐縮	きょうしゅく	**황송함, 죄송함** 恐縮(きょうしゅく)ですが、電話(でんわ)を貸(か)して下(くだ)さい。 죄송합니다만, 전화를 빌려 주십시오.
競争	きょうそう	**경쟁** 競争(きょうそう)に勝(か)つ。 경쟁에 이기다.
協調	きょうちょう	**협조** 互(たが)いに協調(きょうちょう)する。 서로 협조하다.
共同	きょうどう	**공동** 共同(きょうどう)研究(けんきゅう)を行(おこな)う。 공동 연구를 실시하다.
恐怖	きょうふ	**공포** 恐怖(きょうふ)を感(かん)じる。 공포를 느끼다.
共有	きょうゆう	**공유** 新(あたら)しい情報(じょうほう)を共有(きょうゆう)する。 새로운 정보를 공유하다.
共用	きょうよう	**공용** 共用(きょうよう)スペースを利用(りよう)する。 공용 공간을 이용하다.
教養	きょうよう	**교양** 教養(きょうよう)を深(ふか)める。 교양을 심화시키다.
行列	ぎょうれつ	**행렬, 줄** 行列(ぎょうれつ)ができる。 행렬이 생기다.
漁業	ぎょぎょう	**어업** 日本(にほん)は漁業(ぎょぎょう)が盛(さか)んだ。 일본은 어업이 활발하다.

曲線	きょくせん	**곡선** なだらかな曲線を描く。 완만한 곡선을 그리다.
拒否	きょひ	**거부** 要求を拒否する。 요구를 거부하다.
霧	きり	**안개** 霧が濃い。 안개가 짙다.
規律	きりつ	**규율** 規律を守る。 규율을 지키다.
議論	ぎろん	**의논, 논의** 計画について議論する。 계획에 대하여 논의하다.
金額	きんがく	**금액** 金額を確認する。 금액을 확인하다.
金庫	きんこ	**금고** 金庫に保管する。 금고에 보관하다.
金銭	きんせん	**금전, 화폐, 돈** 金銭のやり取りをする。 금전 거래를 하다.
金属	きんぞく	**금속** 金属を加工する。 금속을 가공하다.
近代 ⊕ 近代化 근대화	きんだい	**근대** 近代の建築物を保存する。 근대 건축물을 보존하다.
筋肉	きんにく	**근육** 筋肉を動かす。 근육을 움직이다.
金融	きんゆう	**금융** 金融機関に相談する。 금융 기관에 상담하다.
偶数	ぐうすう	**우수, 짝수** 2は偶数である。 2는 짝수이다.

偶然	ぐうぜん	**우연** 彼に会ったのは偶然だった。 그를 만난 것은 우연이었다.
空想	くうそう	**공상** 50年後の未来を空想する。 50년 후의 미래를 공상하다.
空中 ⊜空 하늘	くうちゅう	**공중, 하늘** 空中を飛ぶ。 공중을 날다.
くじ		**제비** くじを引く。 제비를 뽑다.
苦情	くじょう	**불평, 불만, 고충** 苦情を言う。 불만을 말하다.
苦心	くしん	**고심** 苦心して作る。 고심하여 만들다.
くず		**쓰레기** くずかごに捨てる。 쓰레기통에 버리다.
管	くだ	**관, 대롱, 파이프** 管が詰まる。 관이 막히다.
愚痴	ぐち	**푸념, 넋두리** 愚痴をこぼす。 푸념을 늘어놓다.
唇	くちびる	**입술** 唇に口紅を塗る。 입술에 립스틱을 바르다.
口笛	くちぶえ	**휘파람** 口笛を吹く。 휘파람을 불다.
口調	くちょう	**어조, 말투** 強い口調で話す。 강한 어조로 말하다.
苦痛	くつう	**고통** 苦痛に耐える。 고통을 견디다.

苦難	くなん	**고난** 苦難を乗り越える。 고난을 극복하다.
工夫	くふう	**궁리, 연구** あれこれ工夫する。 이것저것 궁리하다.
区分	くぶん	**구분** 土地を区分する。 토지를 구분하다.
組合	くみあい	**조합, 노동조합** 組合に加入する。 조합에 가입하다.
組み合わせ	くみあわせ	**편성, 조합** 組み合わせを変える。 조합을 바꾸다.
暮れ	くれ	**해질 무렵, 끝 무렵, 연말** 今年の暮れは忙しい。 올 연말은 바쁘다.
黒字	くろじ	**흑자** 売り上げが伸びて黒字になる。 매상이 늘어나 흑자가 되다.
軍隊	ぐんたい	**군대** 軍隊に入る。 군대에 들어가다.
訓練	くんれん	**훈련** 訓練を積む。 훈련을 쌓다.
敬意	けいい	**경의** 敬意を払う。 경의를 표하다.
契機	けいき	**계기** 失敗が成功の契機となる。 실패가 성공의 계기가 되다.
敬語	けいご	**경어** 敬語を使って話す。 경어를 써서 말하다.
傾向	けいこう	**경향** 大げさに言う傾向がある。 과장하여 말하는 경향이 있다.

蛍光灯	けいこうとう	**형광등** 蛍光灯を取り替える。 형광등을 교체하다.
警告	けいこく	**경고** 警告を無視する。 경고를 무시하다.
掲示	けいじ	**게시** 日程を掲示する。 일정을 게시하다.
形式	けいしき	**형식** ファイルの形式を変更する。 파일 형식을 변경하다.
軽傷	けいしょう	**경상, 가벼운 부상** 軽傷を負う。 경상을 입다.
継続	けいぞく	**계속** 討論を継続する。 토론을 계속하다.
経度 ⊖ **緯度** 위도, 지구의 가로 좌표	けいど	**경도, 지구의 세로 좌표** 緯度と経度を調べる。 위도와 경도를 조사하다.
系統	けいとう	**계통** 事務系統の仕事をする。 사무 계통의 일을 하다.
芸能人	げいのうじん	**연예인** 芸能人に憧れる。 연예인을 동경하다.
競馬	けいば	**경마** 競馬を見に行く。 경마를 보러 가다.
警備	けいび	**경비** 警備を強化する。 경비를 강화하다.
契約	けいやく	**계약** 契約を交わす。 계약을 맺다.
外科	げか	**외과** 外科手術を受ける。 외과 수술을 받다.

激化	げきか	**격화** 対立が激化する。 대립이 격화하다.
激減 ⟷ 激増(げきぞう) 격증, 급증	げきげん	**격감** 売り上げが激減する。 매출이 격감하다.
激増 ⟷ 激減(げきげん) 격감	げきぞう	**격증, 급증** 交通事故が激増する。 교통사고가 급증하다.
景色	けしき	**경치** 景色が美しい。 경치가 아름답다.
下車	げしゃ	**하차, 차에서 내림** 次の駅で下車する。 다음 역에서 하차하다.
下旬	げじゅん	**하순** 今月下旬に引っ越す。 이달 하순에 이사하다.
下水	げすい	**하수, 하수도** 下水を処理する。 하수를 처리하다.
桁	けた	**자릿수, 자리** 二桁の成長を見せる。 두 자릿수의 성장을 보여주다.
血圧	けつあつ	**혈압** 血圧を測る。 혈압을 재다.
血液型	けつえきがた	**혈액형** 血液型を調べる。 혈액형을 조사하다.
結果	けっか	**결과** 試験の結果を発表する。 시험 결과를 발표하다.
欠陥	けっかん	**결함** 製品の欠陥を認める。 제품의 결함을 인정하다.
月給	げっきゅう	**월급** 月給が上がる。 월급이 오르다.

血行	けっこう	**혈행, 혈액 순환** 血行がよくなる。 혈액 순환이 좋아지다.
結末	けつまつ	**결말** 悲しい結末を迎える。 슬픈 결말을 맞이하다.
月末	げつまつ	**월말** 月末に家賃を支払う。 월말에 집세를 지불하다.
気配	けはい	**기색, 기척, 기미** 人の気配がする。 인기척이 나다.
県	けん	**현(일본의 행정 구역)** 県の人口が減る。 현의 인구가 줄다.
見解	けんかい	**견해** 見解を述べる。 견해를 말하다.
限界	げんかい	**한계** 限界に達する。 한계에 이르다.
研究所	けんきゅうじょ	**연구소** 研究所に勤める。 연구소에 근무하다.
健康	けんこう	**건강** 健康診断を受ける。 건강 검진을 받다.
原稿	げんこう	**원고** 原稿を書く。 원고를 쓰다.
原産	げんさん	**원산** この植物は熱帯原産である。 이 식물은 열대 원산이다.
原始	げんし	**원시** 原始の生活を体験する。 원시생활을 체험하다.
研修	けんしゅう	**연수** 研修に参加する。 연수에 참가하다.

現象	げんしょう	**현상** 不思議な現象が起きる。 이상한 현상이 일어나다.
現状	げんじょう	**현 상황** 経済の現状を分析する。 경제의 현 상황을 분석하다.
原子力	げんしりょく	**원자력** 原子力で発電する。 원자력으로 발전하다.
謙遜	けんそん	**겸손** 謙遜した言い方をする。 겸손하게 말하다.
建築	けんちく	**건축** 住宅を建築する。 주택을 건축하다.
限定	げんてい	**한정** 期間限定で販売する。 기간 한정으로 판매하다.
限度	げんど	**한도** 限度を超える。 한도를 넘어서다.
検討	けんとう	**검토** 検討を重ねる。 검토를 거듭하다.
見当	けんとう	**짐작, 예상** 見当がつかない。 짐작이 가지 않는다.
現場	げんば	**현장** 事故現場を調べる。 사고 현장을 조사하다.
憲法	けんぽう	**헌법** 憲法を守る。 헌법을 지키다.
原油	げんゆ	**원유** 原油価格が下がる。 원유 가격이 떨어지다.
権利	けんり	**권리** 権利を主張する。 권리를 주장하다.

原理	げんり	**원리** 原理を理解する。 원리를 이해하다.
権力	けんりょく	**권력** 権力を握る。 권력을 쥐다.
幸運	こううん	**행운** 幸運を祈る。 행운을 빌다.
講演 ⊕ 講演会 강연회	こうえん	**강연** 社会問題について講演する。 사회 문제에 대해서 강연하다.
硬貨	こうか	**동전, 주화** 硬貨で支払う。 동전으로 지불하다.
後悔	こうかい	**후회** 自分の行動を後悔する。 자신의 행동을 후회하다.
後期	こうき	**후기** 後期の試験に備える。 후기 시험에 대비하다.
講義	こうぎ	**강의** 講義を聴く。 강의를 듣다.
好奇心	こうきしん	**호기심** 好奇心が旺盛だ。 호기심이 왕성하다.
公共	こうきょう	**공공** 公共の場所で騒ぐ。 공공장소에서 소란을 피우다.
航空	こうくう	**항공** 航空写真を見る。 항공 사진을 보다.
光景	こうけい	**광경** 不思議な光景を見る。 신기한 광경을 보다.
工芸 ⊕ 工芸品 공예품	こうげい	**공예** 伝統的な工芸を守る。 전통적인 공예를 지키다.

後継者	こうけいしゃ	**후계자** 後継者(こうけいしゃ)を指名(しめい)する。 후계자를 지명하다.
攻撃	こうげき	**공격** 攻撃(こうげき)を受(う)ける。 공격을 받다.
貢献	こうけん	**공헌, 기여** 社会(しゃかい)に貢献(こうけん)する。 사회에 공헌하다.
交差	こうさ	**교차** 道(みち)が交差(こうさ)する。 길이 교차하다.
耕作	こうさく	**경작** 畑(はたけ)を耕作(こうさく)する。 밭을 경작하다.
講師	こうし	**강사** 講師(こうし)を務(つと)める。 강사를 맡다.
公式	こうしき	**공식** 公式(こうしき)に訪問(ほうもん)する。 공식적으로 방문하다.
口実	こうじつ	**구실** うまい口実(こうじつ)を作(つく)る。 그럴듯한 구실을 만들다.
後者	こうしゃ	**후자, 뒤의 것, 뒤를 잇는 자** 後者(こうしゃ)の意見(いけん)に賛成(さんせい)だ。 후자의 의견에 찬성이다.
公衆	こうしゅう	**공중, 대중** 公衆(こうしゅう)の前(まえ)で演説(えんぜつ)する。 대중 앞에서 연설하다.
交渉	こうしょう	**교섭** 交渉(こうしょう)がうまくいく。 교섭이 잘 되다.
向上	こうじょう	**향상** 品質(ひんしつ)が向上(こうじょう)する。 품질이 향상되다.
更新	こうしん	**갱신** データを更新(こうしん)する。 데이터를 갱신하다.

香水	こうすい	**향수** 香水をつける。 향수를 뿌리다.
厚生	こうせい	**후생, 복지** 厚生施設を利用する。 복지 시설을 이용하다.
功績	こうせき	**공적, 공훈, 공로** 功績を立てる。 공적을 세우다.
光線	こうせん	**광선** 太陽光線を浴びる。 태양 광선을 쬐다.
高層	こうそう	**고층** 高層ビルが建つ。 고층 빌딩이 건설되다.
構造	こうぞう	**구조** 構造を分析する。 구조를 분석하다.
高速	こうそく	**고속** 高速道路を走る。 고속 도로를 달리다.
交代 ⊖交替	こうたい	**교체, 교대** 交代で仕事をする。 교대로 일을 하다.
耕地	こうち	**경지, 경작지, 농경지** 耕地面積が広い。 경지 면적이 넓다.
肯定	こうてい	**긍정** 肯定も否定もしない。 긍정도 부정도 하지 않는다.
高度	こうど	**고도** 飛行機が高度を上げる。 비행기가 고도를 올리다.
強盗	ごうとう	**강도** 強盗に遭う。 강도를 당하다.
合同	ごうどう	**합동** 合同して作業を行う。 합동하여 작업을 하다.

公表	こうひょう	**공표** 結果(けっか)を公表(こうひょう)する。 결과를 공표하다.
鉱物	こうぶつ	**광물** 鉱物(こうぶつ)資源(しげん)を開発(かいはつ)する。 광물 자원을 개발하다.
候補	こうほ	**후보** 候補(こうほ)を選(えら)ぶ。 후보를 뽑다.
公務	こうむ	**공무** 公務(こうむ)で出張(しゅっちょう)する。 공무로 출장을 가다.
項目	こうもく	**항목** 項目(こうもく)を分(わ)けて記入(きにゅう)する。 항목을 나누어 기입하다.
合理化	ごうりか	**합리화** 事業(じぎょう)の合理化(ごうりか)を図(はか)る。 사업의 합리화를 꾀하다.
交流	こうりゅう	**교류** 文化(ぶんか)交流(こうりゅう)を行(おこな)う。 문화 교류를 하다.
考慮	こうりょ	**고려** 様々(さまざま)な可能性(かのうせい)を考慮(こうりょ)する。 여러 가지 가능성을 고려하다.
高齢化	こうれいか	**고령화** 高齢化(こうれいか)が進(すす)む。 고령화가 진행되다.
氷枕	こおりまくら	**얼음주머니** 氷枕(こおりまくら)で頭(あたま)を冷(ひ)やす。 얼음주머니로 머리를 식히다.
誤解	ごかい	**오해** 誤解(ごかい)を招(まね)く。 오해를 불러일으키다.
小型	こがた	**소형** 小型(こがた)カメラで写真(しゃしん)を撮(と)る。 소형 카메라로 사진을 찍다.
国王	こくおう	**국왕, 임금** 新(あたら)しい国王(こくおう)が誕生(たんじょう)する。 새 국왕이 탄생하다.

国籍	こくせき	**국적** 国籍を聞かれる。 국적을 질문 받다.
克服	こくふく	**극복** 困難を克服する。 어려움을 극복하다.
穀物	こくもつ	**곡물** 穀物を輸入する。 곡물을 수입하다.
小言	こごと	**잔소리, 불평** 小言を言う。 잔소리를 하다.
心当たり	こころあたり	**짐작, 짚이는 데** 心当たりがある。 짚이는 데가 있다.
誇示	こじ	**과시** 自分の成功を誇示する。 자신의 성공을 과시하다.
個性	こせい	**개성** 個性を大切にする。 개성을 소중히 하다.
固体	こたい	**고체** 氷は固体である。 얼음은 고체이다.
国家	こっか	**국가** 国家の未来を考える。 국가의 미래를 생각하다.
国旗	こっき	**국기** 国旗を揭げる。 국기를 게양하다.
国境	こっきょう	**국경** 国境を越える。 국경을 넘다.
骨折	こっせつ	**골절, 뼈가 부러짐** 足を骨折する。 다리가 부러지다.
古典	こてん	**고전** 古典を読む。 고전을 읽다.

言葉づかい	ことばづかい	**말씨, 말투** 言葉づかいに気をつける。 말투에 주의하다.
粉	こな	**가루** 料理にチーズの粉をかける。 요리에 치즈 가루를 뿌리다.
小麦	こむぎ	**밀** 小麦を粉にする。 밀을 가루로 빻다.
小屋	こや	**오두막** 海辺の小屋で一日を過ごす。 바닷가 오두막에서 하루를 보내다.
娯楽	ごらく	**오락** ここには何の娯楽施設もない。 이곳에는 아무런 오락 시설도 없다.
ご覧	ごらん	**보심(존경어)** こちらをご覧ください。 이쪽을 보십시오.
混合	こんごう	**혼합** 原料を混合する。 원료를 혼합하다.
献立	こんだて	**식단, 메뉴, 준비** 夕食の献立を決める。 저녁 식단을 정하다.
困難	こんなん	**곤란** 困難に立ち向かう。 곤란에 맞서다.
婚約	こんやく	**약혼** 婚約を発表する。 약혼을 발표하다.
混乱	こんらん	**혼란** 混乱が生じる。 혼란이 생기다.
差異	さい	**차이** 差異を比較する。 차이를 비교하다.

財産	ざいさん	**재산** 財産を相続する。 재산을 상속하다.
最終	さいしゅう	**최종** 最終発表を行う。 최종 발표를 실시하다.
最初	さいしょ	**최초, 처음** 最初は緊張した。 처음에는 긴장했다.
最新	さいしん	**최신** 最新のニュースを見る。 최신 뉴스를 보다.
在籍	ざいせき	**재적** たくさんの留学生が在籍する。 많은 유학생이 재적하다.
催促	さいそく	**재촉** 図書の返却を督促する。 도서의 반납을 독촉하다.
最大	さいだい	**최대** 最大の努力をする。 최대의 노력을 하다.
最中	さいちゅう	**한창인 때** 試合の最中に雨が降り出す。 경기가 한창인 때에 비가 내리기 시작하다.
災難	さいなん	**재난** 災難に備える。 재난에 대비하다.
栽培	さいばい	**재배** 野菜を栽培する。 채소를 재배하다.
裁判	さいばん	**재판** 裁判で争う。 재판에서 다투다.
材木	ざいもく	**재목, 목재** 材木を切り出す。 재목을 베어내다.

境	さかい	**경계, 갈림길, 기로** 三つの県が境を接している。 세 현이 경계를 맞대고 있다.
逆様 ⊜ 逆さ	さかさま	**거꾸로 됨, 반대임** 壁の絵が逆様だ。 벽의 그림이 거꾸로 되어 있다.
酒場	さかば	**술집, 선술집** 酒場で一杯飲む。 술집에서 한잔 마시다.
坂道	さかみち	**비탈길, 언덕길** 急な坂道を登る。 가파른 비탈길을 오르다.
先々	さきざき	**장래, 먼 미래** 先々の計画を立てる。 장래의 계획을 세우다.
先程	さきほど	**아까, 조금 전** 先程は失礼いたしました。 아까는 실례했습니다.
索引	さくいん	**색인, 인덱스** 索引をつける。 색인을 붙이다.
削除	さくじょ	**삭제** ファイルを削除する。 파일을 삭제하다.
作成	さくせい	**작성** 資料を作成する。 자료를 작성하다.
作物	さくもつ	**작물, 농작물** 作物を育てる。 작물을 기르다.
指図	さしず	**지시** 指図に従う。 지시에 따르다.
差し支え	さしつかえ	**지장, 문제** 差し支えなければ教えてください。 괜찮으시다면 가르쳐 주세요.

刺身	さしみ	**생선회** 刺身を食べる。 생선회를 먹다.
撮影	さつえい	**촬영** 記念撮影をする。 기념 촬영을 하다.
雑音	ざつおん	**잡음, 소음** 雑音が入る。 잡음이 들어가다.
雑談	ざつだん	**잡담** 雑談を楽しむ。 잡담을 즐기다.
作動	さどう	**작동** 機械が作動する。 기계가 작동하다.
茶道	さどう	**다도** 茶道を学ぶ。 다도를 배우다.
砂漠	さばく	**사막** 砂漠を横断する。 사막을 횡단하다.
錆	さび	**(금속) 녹** 錆がつく。 녹이 슬다.
差別	さべつ	**차별** 差別をなくす。 차별을 없애다.
作法	さほう	**예의범절, 규범** 作法を学ぶ。 예의범절을 배우다.
左右	さゆう	**좌우** 左右を見回す。 좌우를 둘러보다.
作用	さよう	**작용** 薬の作用が現れる。 약의 작용이 나타나다.
参考	さんこう	**참고** 資料を参考にする。 자료를 참고하다.

参照	さんしょう	**참조** マニュアルを参照(さんしょう)する。 매뉴얼을 참조하다.
残高	ざんだか	**잔고** 預金(よきん)の残高(ざんだか)が少(すく)ない。 예금의 잔고가 적다.
産地	さんち	**산지** 食品(しょくひん)の産地(さんち)を確認(かくにん)する。 식품의 산지를 확인하다.
賛否	さんぴ	**찬반, 찬성과 반대** 賛否(さんぴ)が分(わ)かれる。 찬성과 반대가 나뉘다.
幸せ	しあわせ	**행복** 幸(しあわ)せを感(かん)じる。 행복을 느끼다.
鹿	しか	**사슴** 鹿(しか)が草(くさ)を食(た)べる。 사슴이 풀을 먹는다.
時間割	じかんわり	**시간표** 時間割(じかんわり)を確認(かくにん)する。 시간표를 확인하다.
敷地	しきち	**(건축) 부지, 터** 敷地(しきち)に家(いえ)を建(た)てる。 건축 부지에 집을 짓다.
時給	じきゅう	**시급** 時給(じきゅう)が上(あ)がる。 시급이 오르다.
しぐさ		**행동, 동작** 子供(こども)がかわいいしぐさをする。 아이가 귀여운 행동을 한다.
刺激	しげき	**자극** 刺激(しげき)を与(あた)える。 자극을 주다.
資源	しげん	**자원** 地球(ちきゅう)の資源(しげん)は有限(ゆうげん)だ。 지구의 자원은 유한하다.
思考	しこう	**사고, 생각** 思考(しこう)が鈍(にぶ)る。 사고가 무뎌지다.

持参	じさん	**지참, 지니고 옴** お弁当を持参する。 도시락을 지참하다.
支持	しじ	**지지** 支持を表明する。 지지를 표명하다.
事実	じじつ	**사실** 事実を知る。 사실을 알다.
磁石	じしゃく	**자석** 鉄に磁石を近づける。 쇠에 자석을 가까이 대다.
支出	ししゅつ	**지출** 支出を抑える。 지출을 억제하다.
自身	じしん	**자신** これは私自身の問題です。 이것은 저 자신의 문제입니다.
姿勢	しせい	**자세** 楽な姿勢で話す。 편안한 자세로 말하다.
思想	しそう	**사상** 思想を広める。 사상을 넓히다.
子孫	しそん	**자손** 子孫に伝える。 자손에게 전하다.
辞退	じたい	**사퇴** 出場を辞退する。 출전을 사퇴하다.
自体	じたい	**자체** 考え方自体に問題がある。 사고방식 자체에 문제가 있다.
下書き	したがき	**초안** 手紙の下書きをする。 편지의 초안을 쓰다.
自宅	じたく	**자택** 自宅で仕事をする。 자택에서 일을 하다.

市長	しちょう	**시장** 議会(ぎかい)に市長(しちょう)が出席(しゅっせき)する。 의회에 시장이 출석하다.
視聴者	しちょうしゃ	**시청자** 視聴者(しちょうしゃ)の意見(いけん)を聞(き)く。 시청자의 의견을 듣다.
質	しつ	**질, 품질** サービスの質(しつ)を高(たか)める。 서비스의 질을 높이다.
実感	じっかん	**실감** 人間(にんげん)の弱(よわ)さを実感(じっかん)する。 인간의 나약함을 실감하다.
実験	じっけん	**실험** 実験(じっけん)を行(おこな)う。 실험을 행하다.
実際	じっさい	**실제** 実際(じっさい)に体験(たいけん)する。 실제로 체험하다.
実施	じっし	**실시** 計画(けいかく)を実施(じっし)する。 계획을 실시하다.
実習	じっしゅう	**실습** 実習(じっしゅう)に参加(さんか)する。 실습에 참가하다.
実績	じっせき	**실적** 実績(じっせき)を積(つ)む。 실적을 쌓다.
実践	じっせん	**실천** 理論(りろん)と実践(じっせん)は違(ちが)う。 이론과 실천은 다르다.
執筆	しっぴつ	**집필** 小説(しょうせつ)を執筆(しっぴつ)する。 소설을 집필하다.
実物	じつぶつ	**실물** 実物(じつぶつ)を見(み)る。 실물을 보다.
尻尾	しっぽ	**꼬리** 尻尾(しっぽ)を振(ふ)る。 꼬리를 흔들다.

失望 しつぼう
실망
けっ か　しつぼう
結果に失望する。 결과에 실망하다.

実務 じつむ
실무
じつ む けいけん　つ
実務経験を積む。 실무 경험을 쌓다.

実例 じつれい
실례
じつ れい　あ
実例を挙げる。 실례를 들다.

指定 してい
지정
ば しょ　し てい
場所を指定する。 장소를 지정하다.

指摘 してき
지적
し てき
ミスを指摘する。 실수를 지적하다.

児童 じどう
아동
じ どう　あん ぜん　まも
児童の安全を守る。 아동의 안전을 지키다.

品切れ しなぎれ
품절
しょうひん　しな ぎ
商品が品切れになる。 상품이 품절되다.

支配 しはい
지배
かんじょう　し はい
感情に支配される。 감정에 지배되다.

芝居 しばい
연극
しば い　み　い
芝居を見に行く。 연극을 보러 가다.

芝生 しばふ
잔디, 잔디밭
しば ふ　すわ
芝生に座る。 잔디밭에 앉다.

地盤 じばん
지반
じ ばん　かた
地盤が固い。 지반이 단단하다.

紙幣 しへい
지폐
し へい　かぞ
紙幣を数える。 지폐를 세다.

資本 しほん
자본
し ほん　とうにゅう
資本を投入する。 자본을 투입하다.

地元	じもと	**그 지역, 고장, 연고지** 地元(じもと)の意見(いけん)を尊重(そんちょう)する。 그 지역의 의견을 존중하다.
視野	しや	**시야** 視野(しや)を広(ひろ)げる。 시야를 넓히다.
社員	しゃいん	**사원** 社員(しゃいん)研修(けんしゅう)を受(う)ける。 사원 연수를 받다.
弱点	じゃくてん	**약점** 自分(じぶん)の弱点(じゃくてん)を見(み)つける。 자신의 약점을 발견하다.
車掌	しゃしょう	**차장, 승무원** 車掌(しゃしょう)に特急料金(とっきゅうりょうきん)を払(はら)う。 차장에게 특급 요금을 지불하다.
借金	しゃっきん	**빚, 차입금** 借金(しゃっきん)を返済(へんさい)する。 빚을 갚다.
しゃっくり		**딸꾹질** しゃっくりが出(で)る。 딸꾹질이 나다.
邪魔	じゃま	**방해, 훼방** 仕事(しごと)の邪魔(じゃま)をする。 일을 방해하다.
じゃんけん		**가위바위보** じゃんけんで決(き)める。 가위바위보로 정하다.
銃	じゅう	**총** 銃(じゅう)を持(も)って警備(けいび)する。 총을 들고 경비하다.
集会	しゅうかい	**집회** 集会(しゅうかい)を開(ひら)く。 집회를 열다.
収穫	しゅうかく	**수확** りんごを収穫(しゅうかく)する。 사과를 수확하다.
住居	じゅうきょ	**주거, 거처** 住居(じゅうきょ)を移(うつ)す。 거처를 옮기다.

宗教	しゅうきょう	**종교** 宗教(しゅうきょう)を信(しん)じる。 종교를 믿다.
集金	しゅうきん	**수금, 돈을 걷음** 会費(かいひ)を集金(しゅうきん)する。 회비를 걷다.
集合	しゅうごう	**집합** 運動場(うんどうじょう)に集合(しゅうごう)する。 운동장에 집합하다.
修士	しゅうし	**석사** 修士(しゅうし)論文(ろんぶん)を発表(はっぴょう)する。 석사 논문을 발표하다.
終日	しゅうじつ	**종일** ここは終日(しゅうじつ)禁煙(きんえん)だ。 여기는 종일 금연이다.
充実	じゅうじつ	**충실** 内容(ないよう)の充実(じゅうじつ)を図(はか)る。 내용의 충실을 도모하다.
収集	しゅうしゅう	**수집** 情報(じょうほう)を収集(しゅうしゅう)する。 정보를 수집하다.
修正	しゅうせい	**수정** 修正(しゅうせい)を加(くわ)える。 수정을 가하다.
渋滞	じゅうたい	**정체, 일이나 교통 흐름이 더딤** 交通(こうつう)が渋滞(じゅうたい)する。 교통이 정체되다.
集団	しゅうだん	**집단** 集団(しゅうだん)で行動(こうどう)する。 집단으로 행동하다.
執着 ⊜しゅうじゃく	しゅうちゃく	**집착** 金(かね)に執着(しゅうちゃく)する。 돈에 집착하다.
終電	しゅうでん	**막차, 마지막 전철** 終電(しゅうでん)に乗(の)る。 막차를 타다.
重点	じゅうてん	**중점, 포인트** 重点(じゅうてん)を置(お)く。 중점을 두다.

充電	じゅうでん	**충전** バッテリーを充電(じゅうでん)する。 배터리를 충전하다.
就任	しゅうにん	**취임** 社長(しゃちょう)に就任(しゅうにん)する。 사장에 취임하다.
収納	しゅうのう	**수납** 冬物(ふゆもの)の衣類(いるい)を収納(しゅうのう)する。 겨울 의류를 수납하다.
充満	じゅうまん	**충만, 가득 참** 煙(けむり)が充満(じゅうまん)する。 연기가 가득 차다.
重役	じゅうやく	**중역, (회사의) 임원** 重役会議(じゅうやくかいぎ)に出席(しゅっせき)する。 중역 회의에 참석하다.
終了	しゅうりょう	**종료** 作業(さぎょう)を終了(しゅうりょう)する。 작업을 종료하다.
重量	じゅうりょう	**중량, 무게** 重量(じゅうりょう)を量(はか)る。 중량을 재다.
重力	じゅうりょく	**중력** 重力(じゅうりょく)によって下(した)に落(お)ちる。 중력에 의해 아래로 떨어지다.
主義	しゅぎ	**주의, 신념, 방침** 自分(じぶん)の主義(しゅぎ)を守(まも)る。 자신의 신념을 지키다.
受験	じゅけん	**수험, 입시** 大学受験(だいがくじゅけん)に備(そな)える。 대학 입시에 대비하다.
受講	じゅこう	**수강** 講義(こうぎ)を受講(じゅこう)する。 강의를 수강하다.
取材	しゅざい	**취재** 取材(しゅざい)を受(う)ける。 취재를 받다.
首相	しゅしょう	**수상, 총리** 首相(しゅしょう)の支持率(しじりつ)が上(あ)がる。 총리의 지지율이 오르다.

主人公	しゅじんこう	**주인공** 主人公として活躍する。 주인공으로 활약하다.
主成分	しゅせいぶん	**주성분** 薬の主成分を調べる。 약의 주성분을 조사하다.
出荷	しゅっか	**출하** 商品を出荷する。 상품을 출하하다.
出世	しゅっせ	**출세** 早く出世したい。 빨리 출세하고 싶다.
出馬	しゅつば	**출마** 選挙に出馬する。 선거에 출마하다.
主役	しゅやく	**주역, 주인공** 主役を演じる。 주인공을 연기하다.
需要	じゅよう	**수요, 요구** 需要が供給を上回る。 수요가 공급을 웃돌다.
瞬間	しゅんかん	**순간** 瞬間の表情を写真に残す。 순간의 표정을 사진으로 남기다.
順序	じゅんじょ	**순서** 順序よく乗車する。 순서대로 승차하다.
使用	しよう	**사용** このカードは使用できない。 이 카드는 사용할 수 없다.
消火	しょうか	**소화, 소방** 消火活動をする。 소방 활동을 하다.
障害	しょうがい	**장해, 방해, 장애** システム障害を解決する。 시스템 장애를 해결하다.
奨学金	しょうがくきん	**장학금** 奨学金をもらう。 장학금을 받다.

蒸気 じょうき
증기, 김
じょう き　た　あ
蒸気が立ち上がる。 증기가 피어오르다.
すいじょうき
⊖ 水蒸気 수증기

定規 じょうぎ
자, 기준
じょう ぎ　なが　はか
定規で長さを測る。 자로 길이를 재다.

状況 じょうきょう
상황
じょうきょう　は あく
状況を把握する。 상황을 파악하다.

賞金 しょうきん
상금
しょうきん　う　と
賞金を受け取る。 상금을 받다.

情景 じょうけい
정경, 광경
うつく　じょうけい　め　う
美しい情景が目に浮かぶ。 아름다운 정경이 눈에 선하다.

少子化 しょうしか
저출생
しょう し か　すす
少子化が進む。 저출생이 진행되다.

商社 しょうしゃ
상사, 무역상사
しょうしゃ　つと
商社に勤める。 상사에 근무하다.

症状 しょうじょう
증상, 증세
しょうじょう　で
症状が出る。 증상이 나타나다.

上昇 じょうしょう
상승
き おん　じょうしょう
気温が上昇する。 기온이 상승하다.

小数 しょうすう
소수(1보다 작은 수)
ぶんすう　しょうすう　なお
分数を小数に直す。 분수를 소수로 고치다.
しょうすうてん
⊕ 小数点 소수점

少数 しょうすう
소수(적은 숫자)
しょうすう　い けん　き
少数意見を聞く。 소수 의견을 듣다.

情勢 じょうせい
정세
じょうせい　ぶんせき
情勢を分析する。 정세를 분석하다.

招待 しょうたい
초대
ともだち　しょうたい
友達を招待する。 친구를 초대하다.

状態	じょうたい	**상태** 状態(じょうたい)を確認(かくにん)する。 상태를 확인하다.
上達	じょうたつ	**능숙해짐, 실력이 늚** 水泳(すいえい)が上達(じょうたつ)する。 수영이 늘다.
承知	しょうち	**이해, 알고 있음** その話(はなし)なら承知(しょうち)している。 그 이야기라면 알고 있다.
象徴	しょうちょう	**상징** ハトは平和(へいわ)の象徴(しょうちょう)だ。 비둘기는 평화의 상징이다.
焦点	しょうてん	**초점** 焦点(しょうてん)を合(あ)わせる。 초점을 맞추다.
消毒	しょうどく	**소독** 食器(しょっき)を消毒(しょうどく)する。 식기를 소독하다.
衝突	しょうとつ	**충돌** 意見(いけん)が衝突(しょうとつ)する。 의견이 충돌하다.
承認	しょうにん	**승인** 理事会(りじかい)の承認(しょうにん)を得(え)る。 이사회의 승인을 얻다.
少人数	しょうにんずう	**소인원, 적은 인원수** 少人数(しょうにんずう)で話(はな)し合(あ)う。 적은 인원수로 의논하다.
勝敗	しょうはい	**승패** 勝敗(しょうはい)を決(き)める。 승패를 가리다.
蒸発	じょうはつ	**증발** 水(みず)が蒸発(じょうはつ)する。 물이 증발하다.
商品	しょうひん	**상품, 판매하는 물품** 商品(しょうひん)を購入(こうにゅう)する。 상품을 구입하다.
賞品	しょうひん	**상품, 부상으로 받는 물품** 賞品(しょうひん)が当(あ)たる。 상품이 당첨되다.

단어	읽기	뜻 · 예문
勝負	しょうぶ	**승부** 真剣(しんけん)に勝負(しょうぶ)する。 진지하게 승부하다.
正味	しょうみ	**알맹이, 내용물** 正味(しょうみ)の重(おも)さを量(はか)る。 내용물의 무게를 재다.
賞味期限	しょうみきげん	**유통 기한** 賞味期限(しょうみきげん)が切(き)れる。 유통 기한이 지나다.
消耗	しょうもう	**소모** 体力(たいりょく)を消耗(しょうもう)する。 체력을 소모하다.
省略	しょうりゃく	**생략** 説明(せつめい)を省略(しょうりゃく)する。 설명을 생략하다.
女王	じょおう	**여왕** 女王(じょおう)が統治(とうち)する。 여왕이 통치하다.
初期	しょき	**초기** 初期設定(しょきせってい)をする。 초기 설정을 하다.
食塩	しょくえん	**식염, 식용 소금** 食塩(しょくえん)で味(あじ)を付(つ)ける。 식염으로 간을 맞추다.
食卓	しょくたく	**식탁** 食卓(しょくたく)を囲(かこ)んで食事(しょくじ)をする。 식탁에 둘러앉아 식사를 하다.
職人	しょくにん	**장인, 숙련 기술자** 寿司(すし)職人(しょくにん)を目指(めざ)す。 초밥 장인을 목표로 하다.
職場	しょくば	**직장** 職場(しょくば)に向(む)かう。 직장으로 향하다.
食物	しょくもつ	**음식, 음식물** 健康的(けんこうてき)な食物(しょくもつ)を食(た)べる。 건강한 음식을 먹다.
助言 ⊜じょごん	じょげん	**조언** よい助言(じょげん)をする。 좋은 조언을 하다.

단어	읽기	뜻 / 예문
書籍 ⊜ 本, 書物	しょせき	**서적** 書籍を読む。 서적을 읽다.
初対面	しょたいめん	**첫 대면, 첫 만남, 초면** 初対面の挨拶をする。 초면에 인사를 하다.
初歩	しょほ	**초보, 첫걸음** 初歩から学ぶ。 첫걸음부터 배우다.
署名	しょめい	**서명** 書類に署名する。 서류에 서명하다.
書物 ⊜ 本, 書籍	しょもつ	**서적, 책** 書物を読む。 책을 읽다.
所有	しょゆう	**소유** 土地を所有する。 토지를 소유하다.
処理	しょり	**처리** データを処理する。 데이터를 처리하다.
白髪	しらが	**흰머리, 백발** 白髪が目立つ。 흰머리가 눈에 띄다.
印	しるし	**표시, 상징** 印をつける。 표시를 하다.
城	しろ	**성, 성곽** お城を訪ねる。 성을 방문하다.
素人	しろうと	**초보자, 풋내기** この料理は素人でもできる。 이 요리는 초보자도 할 수 있다.
しわ		**주름** ズボンのしわを伸ばす。 바지의 주름을 펴다.
新型	しんがた	**신형** 新型モデルを発売する。 신형 모델을 발매하다.

단어	읽기	뜻 / 예문
神経	しんけい	**신경** 神経(しんけい)を使(つか)う。 신경을 쓰다.
人権	じんけん	**인권** 人権(じんけん)を尊重(そんちょう)する。 인권을 존중하다.
人件費	じんけんひ	**인건비** 人件費(じんけんひ)を削減(さくげん)する。 인건비를 삭감하다.
信仰	しんこう	**신앙** 信仰(しんこう)が厚(あつ)い。 신앙이 두텁다.
進行	しんこう	**진행** 計画(けいかく)を進行(しんこう)させる。 계획을 진행시키다.
申告	しんこく	**신고** 所得(しょとく)を申告(しんこく)する。 소득을 신고하다.
人事	じんじ	**인사** 職員(しょくいん)の人事(じんじ)異動(いどう)を行(おこな)う。 직원의 인사 이동을 실시하다.
進出	しんしゅつ	**진출** 海外(かいがい)に進出(しんしゅつ)する。 해외로 진출하다.
心身	しんしん	**심신, 몸과 마음** 心身(しんしん)ともに健康(けんこう)だ。 심신이 모두 건강하다.
新人	しんじん	**신인, 신입** 新人(しんじん)を指導(しどう)する。 신인을 지도하다.
心臓	しんぞう	**심장** 運動(うんどう)で心臓(しんぞう)を強(つよ)くする。 운동으로 심장을 강하게 하다.
新卒	しんそつ	**신규 졸업자** 新卒(しんそつ)を採用(さいよう)する。 신규 졸업자를 채용하다.
身体	しんたい	**신체** 身体(しんたい)検査(けんさ)を受(う)ける。 신체 검사를 받다.

단어	읽기	뜻 / 예문
診断	しんだん	**진단** 高血圧(こうけつあつ)と診断(しんだん)する。 고혈압으로 진단하다.
侵入	しんにゅう	**침입** 人(ひと)の家(いえ)に侵入(しんにゅう)する。 남의 집에 침입하다.
審判	しんぱん	**심판** 試合(しあい)の審判(しんぱん)を務(つと)める。 시합의 심판을 맡다.
人物	じんぶつ	**인물** 登場人物(とうじょうじんぶつ)を紹介(しょうかい)する。 등장인물을 소개하다.
人命	じんめい	**인명, 사람의 생명** 人命(じんめい)を救助(きゅうじょ)する。 인명을 구조하다.
信用	しんよう	**신용** 相手(あいて)の言葉(ことば)を信用(しんよう)する。 상대방의 말을 신용하다.
信頼	しんらい	**신뢰** 彼(かれ)は信頼(しんらい)できる人(ひと)だ。 그는 신뢰할 수 있는 사람이다.
森林	しんりん	**삼림** 森林(しんりん)を保護(ほご)する。 삼림을 보호하다.
人類	じんるい	**인류** 人類(じんるい)の歴史(れきし)を学(まな)ぶ。 인류의 역사를 배우다.
図	ず	**그림** 図(ず)を描(えが)く。 그림을 그리다.
吸い殻	すいがら	**담배꽁초, 꽁초** タバコの吸(す)い殻(がら)を捨(す)てる。 담배꽁초를 버리다.
水産物	すいさんぶつ	**수산물** 水産物(すいさんぶつ)を食(た)べる。 수산물을 먹다.
水準	すいじゅん	**수준** 水準(すいじゅん)を上(あ)げる。 수준을 올리다.

단어	읽기	뜻 / 예문
水蒸気 ⊖ 蒸気(じょうき) 증기	すいじょうき	**수증기, 김** 水蒸気(すいじょうき)が発生(はっせい)する。 수증기가 발생하다.
推薦	すいせん	**추천** 参考書(さんこうしょ)を推薦(すいせん)する。 참고서를 추천하다.
垂直	すいちょく	**수직** 垂直(すいちょく)に立(た)てる。 수직으로 세우다.
推定	すいてい	**추정, 추측** 所得(しょとく)を推定(すいてい)する。 소득을 추정하다.
水筒	すいとう	**물통, 수통** 遠足(えんそく)に水筒(すいとう)を持(も)って行(い)く。 소풍에 물통을 가지고 가다.
水分	すいぶん	**수분, 물기** 水分(すいぶん)を補(おぎな)う。 수분을 보충하다.
水平	すいへい	**수평** 水平(すいへい)を保(たも)つ。 수평을 유지하다.
水平線	すいへいせん	**수평선** 水平線(すいへいせん)が見(み)える。 수평선이 보인다.
水面	すいめん	**수면** 水面(すいめん)が光(ひか)る。 수면이 빛나다.
数字	すうじ	**숫자** 具体的(ぐたいてき)な数字(すうじ)を示(しめ)す。 구체적인 숫자를 나타내다.
末	すえ	**끝, 말** 今月(こんげつ)の末(すえ)に引(ひ)っ越(こ)す。 이달 말에 이사한다.
姿	すがた	**모습, 자태** 姿(すがた)を現(あらわ)す。 모습을 드러내다.
図鑑	ずかん	**도감** 植物(しょくぶつ)図鑑(ずかん)を出版(しゅっぱん)する。 식물도감을 출판하다.

隙間	すきま	**틈새, 틈** 窓の隙間から風が入ってくる。 창문 틈으로 바람이 들어오다.
図形	ずけい	**도형** 図形を描く。 도형을 그리다.
筋	すじ	**① 근육** 筋を痛める。 근육을 다치다. **② 줄거리** 映画の筋を話す。 영화의 줄거리를 이야기하다.
頭痛	ずつう	**두통** 頭痛がする。 두통이 나다.
頭脳	ずのう	**두뇌** 頭脳を使う。 두뇌를 쓰다.
図表	ずひょう	**도표** 図表を作成する。 도표를 작성하다.
住まい	すまい	**거처, 집** 新しい住まいに引っ越す。 새 거처로 이사하다.
炭	すみ	**숯** 炭に火をつける。 숯에 불을 붙이다.
図面	ずめん	**도면** 図面を描く。 도면을 그리다.
寸法	すんぽう	**치수, 길이, 척도** 寸法を測る。 치수를 재다.
声援	せいえん	**성원** 声援を送る。 성원을 보내다.
世紀	せいき	**세기, 100년** 彼は20世紀を代表する画家だ。 그는 20세기를 대표하는 화가이다.

단어	읽기	뜻 / 예문
請求	せいきゅう	**청구** 商品の代金を請求する。 상품의 대금을 청구하다.
制限	せいげん	**제한** 速度制限を守る。 속도 제한을 지키다.
製作	せいさく	**제작** 映画を製作する。 영화를 제작하다.
精算	せいさん	**정산** 運賃を精算する。 운임을 정산하다.
精神	せいしん	**정신** 精神を集中する。 정신을 집중하다.
整数	せいすう	**정수(자연수와 0, 음수)** 計算した結果を整数で表す。 계산한 결과를 정수로 나타내다.
製造	せいぞう	**제조** 自動車の部品を製造する。 자동차 부품을 제조하다.
生存	せいぞん	**생존** 生存の可能性は低い。 생존 가능성은 낮다.
成長	せいちょう	**성장** 国家経済が成長する。 국가 경제가 성장하다.
制度	せいど	**제도** 新しい制度を作る。 새로운 제도를 만들다.
性能	せいのう	**성능** 性能を比較する。 성능을 비교하다.
整備	せいび	**정비** 道路を整備する。 도로를 정비하다.
政府	せいふ	**정부** 政府が対策を立てる。 정부가 대책을 세우다.

生物	せいぶつ	**생물** 高校で生物を学ぶ。 고등학교에서 생물을 배우다.
成分	せいぶん	**성분** 成分を分析する。 성분을 분석하다.
性別	せいべつ	**성별** 性別に関係なく採用する。 성별에 관계없이 채용하다.
正方形	せいほうけい	**정방형, 정사각형** 正方形に切る。 정사각형으로 자르다.
生命	せいめい	**생명** 生命を大切にする。 생명을 소중히 하다.
成立	せいりつ	**성립** 法案が成立する。 법안이 성립되다.
西暦	せいれき	**서기, 서력** 卒業年度を西暦で書く。 졸업 연도를 서기로 쓰다.
石炭	せきたん	**석탄** 石炭を掘る。 석탄을 캐다.
世間	せけん	**세상, 세간** 世間を騒がせる。 세상을 떠들썩하게 하다.
世代	せだい	**세대** 世代を超える。 세대를 초월하다.
接近	せっきん	**접근** 台風が接近する。 태풍이 접근하다.
設計	せっけい	**설계** ビルを設計する。 빌딩을 설계하다.
絶好調	ぜっこうちょう	**절정, 최상의 상태** 売り上げは絶好調だ。 매출은 최상의 상태이다.

단어	읽기	뜻 / 예문
接続	せつぞく	**접속** ネットワークに接続(せつぞく)する。 네트워크에 접속하다.
説得	せっとく	**설득** 相手(あいて)を説得(せっとく)する。 상대방을 설득하다.
設備	せつび	**설비** 設備(せつび)を整(ととの)える。 설비를 갖추다.
節約	せつやく	**절약** 生活費(せいかつひ)を節約(せつやく)する。 생활비를 절약하다.
背骨	せぼね	**등뼈, 척추** 背骨(せぼね)を伸(の)ばす。 척추를 펴다.
台詞	せりふ	**대사** 台詞(せりふ)を覚(おぼ)える。 대사를 외우다.
栓	せん	**마개, 병뚜껑, (수도) 꼭지** ビールの栓(せん)を開(あ)ける。 맥주의 병뚜껑을 열다.
前期	ぜんき	**전기** 前期(ぜんき)の試験(しけん)が終(お)わる。 전기 시험이 끝나다.
戦後	せんご	**전후, 전쟁 후** 戦後(せんご)の混乱(こんらん)が収(おさ)まる。 전후의 혼란이 수습되다.
前後	ぜんご	**전후, 앞뒤** 前後(ぜんご)関係(かんけい)をはっきりさせる。 전후 관계를 분명히 하다.
前者	ぜんしゃ	**전자, 앞의 것** 前者(ぜんしゃ)の方(ほう)がいい。 전자가 낫다.
前進	ぜんしん	**전진** 問題解決(もんだいかいけつ)に一歩(いっぽ)前進(ぜんしん)する。 문제 해결에 일보 전진하다.
先祖 ⊜ 祖先(そせん)	せんぞ	**선조, 조상** 先祖(せんぞ)を敬(うやま)う。 조상을 공경하다.

先端	せんたん	**첨단** 先端技術を開発する。 첨단 기술을 개발하다.
選定	せんてい	**선정** 候補者を選定する。 후보자를 선정하다.
宣伝	せんでん	**선전** 新商品を宣伝する。 신상품을 선전하다.
先頭	せんとう	**선두** 先頭に立つ。 선두에 서다.
専念	せんねん	**전념** 研究に専念する。 연구에 전념하다.
全力	ぜんりょく	**전력** 全力を尽くす。 전력을 다하다.
象	ぞう	**코끼리** 象を会社のマークにする。 코끼리를 회사 마크로 삼다.
相違	そうい	**상이, 차이, 다름** 意見の相違がある。 의견의 차이가 있다.
増加	ぞうか	**증가** 人口が増加する。 인구가 증가하다.
総額	そうがく	**총액** 総額を計算する。 총액을 계산하다.
早期	そうき	**조기** 病気は早期発見が大切だ。 병은 조기 발견이 중요하다.
増減	ぞうげん	**증감** 売り上げの増減が激しい。 매출의 증감이 심하다.
倉庫	そうこ	**창고** 倉庫に保管する。 창고에 보관하다.

단어	읽기	뜻 · 예문
相互	そうご	**상호** 相互理解を深める。 상호 이해를 깊게 하다.
捜査	そうさ	**수사** 事件の捜査を開始する。 사건 수사를 개시하다.
操作	そうさ	**조작** 機械を操作する。 기계를 조작하다.
創作	そうさく	**창작** 作品の創作活動をする。 작품의 창작 활동을 하다.
葬式	そうしき	**장례식** 葬式を行う。 장례식을 치르다.
造船 ⊕ 造船業(ぞうせんぎょう) 조선업	ぞうせん	**조선, 배를 만듦** 船を造船する。 배를 만들다.
増大	ぞうだい	**증대** 予算が増大する。 예산이 증대하다.
装置	そうち	**장치** 安全装置を取り付ける。 안전장치를 설치하다.
想定	そうてい	**상정, 가정, 전제** 最悪の事態を想定する。 최악의 사태를 상정하다.
続出	ぞくしゅつ	**속출** 被害者が続出する。 피해자가 속출하다.
速力	そくりょく	**속력** 速力を出す。 속력을 내다.
素材	そざい	**소재, 원재료** 素材を生かした料理を作る。 원재료를 살린 요리를 만든다.
阻止	そし	**저지** 悪の勢力を阻止する。 악의 세력을 저지하다.

단어	읽기	뜻 / 예문
組織	そしき	**조직** 組織を改革する。 조직을 개혁하다.
素質	そしつ	**소질** 音楽の素質がある。 음악에 소질이 있다.
祖先 ⊜ 先祖	そせん	**선조, 조상** 祖先の文化遺産を守る。 조상의 문화유산을 지키다.
育ち	そだち	**성장, 성장 환경** 育ちがいい。 성장 환경이 좋다.
その後	そのご	**그 후** その後の経過を報告する。 그 후의 경과를 보고하다.
そのほか		**그 외, 기타** そのほかにも注意点がある。 그 외에도 주의할 점이 있다.
そのもの		**그 자체** 彼の態度は、真剣そのものだった。 그의 태도는 진지함 그 자체였다.
そろばん		**주판, 계산, 셈** そろばんを使って計算する。 주판을 써서 계산하다.
損 ⟷ 得 득, 이득	そん	**손해, 손실** 投資で損をする。 투자에서 손해를 보다.
損害 ⊜ 損, 損失	そんがい	**손해, 손실** 損害を受ける。 손해를 보다.
尊敬	そんけい	**존경** 親を心から尊敬する。 부모를 진심으로 존경하다.
存在	そんざい	**존재** 自分の存在を示す。 자신의 존재를 나타내다.
損失 ⟷ 利益 이익, 이득	そんしつ	**손실** 会社に損失を与える。 회사에 손실을 주다.

단어	읽기	뜻 / 예문
尊重	そんちょう	**존중** 相手(あいて)の意見(いけん)を尊重(そんちょう)する。 상대방의 의견을 존중하다.
損得	そんとく	**손익, 손실과 이득** 損得(そんとく)を考(かんが)えない。 손익을 생각하지 않는다.
第一印象	だいいちいんしょう	**첫인상** 第一印象(だいいちいんしょう)が大切(たいせつ)だ。 첫인상이 중요하다.
対応	たいおう	**대응** 変化(へんか)に対応(たいおう)する。 변화에 대응하다.
体格	たいかく	**체격** 体格(たいかく)がいい。 체격이 좋다.
大学院	だいがくいん	**대학원** 大学院(だいがくいん)に進学(しんがく)する。 대학원에 진학하다.
体感	たいかん	**체감** 速度(そくど)を体感(たいかん)する。 속도를 체감하다.
大気	たいき	**대기** 今日(きょう)は大気(たいき)が不安定(ふあんてい)だ。 오늘은 대기가 불안정하다.
大工	だいく	**목수, 목공** 父(ちち)は大工(だいく)の仕事(しごと)をしている。 아버지는 목수 일을 하고 있다.
体系	たいけい	**체계** 教育(きょういく)の体系(たいけい)を見直(みなお)す。 교육 체계를 재검토하다.
太鼓	たいこ	**북** 太鼓(たいこ)を叩(たた)く。 북을 치다.
滞在	たいざい	**체재, 체류** ホテルに滞在(たいざい)する。 호텔에 체류하다.
対象	たいしょう	**대상, 상대** 高校生(こうこうせい)を対象(たいしょう)に調査(ちょうさ)する。 고교생을 대상으로 조사하다.

단어	읽기	뜻 / 예문
対照	たいしょう	**대조, 대비** 訳文と原文を対照する。 번역문과 원문을 대조하다.
大小	だいしょう	**대소, 크고 작음** 大小様々な食器を生産する。 크고 작은 다양한 식기를 생산하다.
大臣	だいじん	**대신, 장관** 外務大臣に就任する。 외무장관으로 취임하다.
体制	たいせい	**체제** 新しい経営体制を発表する。 새로운 경영 체제를 발표하다.
体積	たいせき	**체적, 부피** 物体の体積を量る。 물체의 부피를 재다.
大戦	たいせん	**대전, 큰 전쟁** 世界大戦の背景を調べる。 세계 대전의 배경을 조사하다.
対戦	たいせん	**대전, 대항전** 対戦相手と握手する。 대전 상대와 악수하다.
体操	たいそう	**체조** ラジオ体操をする。 라디오 체조를 하다.
態度	たいど	**태도** 真面目な態度で仕事をする。 성실한 태도로 일을 하다.
大半	たいはん	**태반, 과반, 대부분** 大半の人が賛成する。 과반의 사람들이 찬성하다.
対比	たいひ	**대비, 비교, 대조** 日米の文化を対比する。 일본과 미국의 문화를 비교하다.
大部分	だいぶぶん	**대부분, 거의** 仕事の大部分が終わる。 일의 대부분이 끝나다.

逮捕 たいほ
체포
犯人を逮捕する。 범인을 체포하다.

大木 たいぼく
거목, 커다란 나무
大木が倒れる。 커다란 나무가 쓰러지다.

代名詞 だいめいし
대명사
富士山は日本の代名詞と言える。
후지산은 일본의 대명사라고 할 수 있다.

体毛 たいもう
체모, 몸의 털
体毛が濃い。 체모가 짙다.

太陽 たいよう
태양
太陽が昇る。 태양이 떠오르다.

大陸 たいりく
대륙
大陸を横断する。 대륙을 횡단하다.

対立 たいりつ
대립
意見が対立する。 의견이 대립하다.

田植え たうえ
모내기
田植えの時期となる。 모내기 시기가 되다.

楕円 だえん
타원
楕円を描く。 타원을 그리다.

滝 たき
폭포
滝の水が落ちる。 폭포수가 떨어지다.

立場 たちば
입장
相手の立場を考える。 상대방의 입장을 생각하다.

脱線 だっせん
탈선
電車が脱線する。 전철이 탈선하다.

谷 たに
계곡, 골짜기
谷の間に川が流れる。 골짜기 사이로 강이 흐르다.

단어	읽기	뜻 / 예문
束 ⊕ 花束 꽃다발	たば	**다발, 묶음** 領収書を束にする。 영수증을 묶음으로 만들다.
田畑	たはた	**전답, 논밭** 田畑を耕す。 논밭을 일구다.
頼り	たより	**의지** 彼は頼りになる人だ。 그는 의지가 되는 사람이다.
便り	たより	**소식, 편지** 便りが届く。 소식이 도착하다.
単位	たんい	**단위, 학점** 単位を取る。 학점을 따다.
段階	だんかい	**단계** 段階を踏む。 단계를 밟다.
短所	たんしょ	**단점** 自分の短所を知る。 자신의 단점을 알다.
男女	だんじょ	**남녀** 男女を問わず採用する。 남녀를 불문하고 채용하다.
淡水	たんすい	**담수, 민물** この魚は淡水に住む。 이 물고기는 민물에 산다.
団地	だんち	**단지** 郊外の団地に住む。 교외의 단지에 살다.
断定	だんてい	**단정** 断定を避ける。 단정을 피하다.
担任	たんにん	**담임** 担任の先生が変わる。 담임 선생님이 바뀌다.
短編	たんぺん	**단편** 短編小説を読む。 단편 소설을 읽다.

단어	읽기	뜻 / 예문
田んぼ	たんぼ	**논** 田んぼで働く。 논에서 일하다.
地位	ちい	**지위** 代表の地位を得る。 대표의 지위를 얻다.
地域	ちいき	**지역** 地域を活性化する。 지역을 활성화하다.
知恵	ちえ	**지혜** 知恵を絞る。 지혜를 짜내다.
近頃	ちかごろ	**최근, 요즘** 近頃忙しい。 요즘 바쁘다.
地区	ちく	**지구, 지역** 地区の代表を選ぶ。 지구의 대표를 뽑다.
知事	ちじ	**지사(행정 직위)** 知事に就任する。 지사로 취임하다.
知識	ちしき	**지식** 知識を深める。 지식을 깊게 하다.
地帯	ちたい	**지대** 工業地帯には工場が多い。 공업 지대에는 공장이 많다.
地点	ちてん	**지점** 目標地点までの距離を測る。 목표 지점까지의 거리를 재다.
知能	ちのう	**지능** 知能が高い。 지능이 높다.
地平線	ちへいせん	**지평선** 地平線が見える。 지평선이 보인다.
中継	ちゅうけい	**중계** 事故現場から中継する。 사고 현장에서 중계하다.

抽選	ちゅうせん	**추첨** 抽選で当たる。 추첨으로 당첨되다.
中断	ちゅうだん	**중단** 試合を中断する。 시합을 중단하다.
注目	ちゅうもく	**주목** 注目を集める。 주목을 끌다.
中立	ちゅうりつ	**중립** 中立の立場を取る。 중립 입장을 취하다.
朝刊	ちょうかん	**조간, 조간 신문** 朝刊を読む。 조간을 읽다.
長官	ちょうかん	**장관(행정 직위)** 長官に任命される。 장관에 임명되다.
長期	ちょうき	**장기** 長期の休みを取る。 장기 휴가를 얻다.
彫刻	ちょうこく	**조각** 彫刻作品を見に行く。 조각 작품을 보러 가다.
長時間	ちょうじかん	**장시간** 長時間の会議が続く。 장시간의 회의가 계속되다.
長所	ちょうしょ	**장점** 長所を生かす。 장점을 살리다.
頂上	ちょうじょう	**정상, 꼭대기** 山の頂上に立つ。 산꼭대기에 서다.
調節	ちょうせつ	**조절** 温度を調節する。 온도를 조절하다.
頂点	ちょうてん	**정점, 정상, 꼭대기** 人気が頂点に達する。 인기가 정점에 달하다.

長方形	ちょうほうけい	**장방형, 직사각형** 長方形(ちょうほうけい)の面積(めんせき)を計算(けいさん)する。 직사각형의 면적을 계산하다.
調味料	ちょうみりょう	**조미료** 料理(りょうり)に調味料(ちょうみりょう)を入(い)れる。 요리에 조미료를 넣다.
調理	ちょうり	**조리** 肉(にく)を調理(ちょうり)する。 고기를 조리하다.
著者	ちょしゃ	**저자** ベストセラーの著者(ちょしゃ)になる。 베스트셀러의 저자가 되다.
著書	ちょしょ	**저서** 著書(ちょしょ)を出版(しゅっぱん)する。 저서를 출판하다.
貯蔵	ちょぞう	**저장** 食料(しょくりょう)を貯蔵(ちょぞう)する。 식료품을 저장하다.
直角	ちょっかく	**직각** 直角(ちょっかく)に曲(ま)がる。 직각으로 구부러지다.
直径	ちょっけい	**직경, 지름** 木(き)の直径(ちょっけい)を測(はか)る。 나무의 지름을 재다.
治療	ちりょう	**치료** 治療(ちりょう)を受(う)ける。 치료를 받다.
追加	ついか	**추가** 項目(こうもく)を追加(ついか)する。 항목을 추가하다.
通貨	つうか	**통화, 통용화** 通貨(つうか)の安定(あんてい)を図(はか)る。 통화의 안정을 도모하다.
通学	つうがく	**통학** 電車(でんしゃ)で通学(つうがく)する。 전철로 통학하다.
通達	つうたつ	**통첩, 통지(행정 용어)** 文部科学省(もんぶかがくしょう)から通達(つうたつ)を受(う)ける。 문부과학성으로부터 통첩을 받다.

通用	つうよう	**통용** そんな言い訳は通用しない。 그런 변명은 통하지 않는다.
通路	つうろ	**통로** 通路に物を置かないでください。 통로에 물건을 두지 마세요.
使い捨て	つかいすて	**일회용, 쓰고 버림** 使い捨て用品の使用を禁止する。 일회용품 사용을 금지하다.
突き当たり	つきあたり	**막다른 곳** 突き当たりを左に曲がる。 막다른 곳에서 왼쪽으로 돌다.
唾	つば	**침, 타액** 唾を吐く。 침을 뱉다.
粒	つぶ	**알갱이, 낱알** 粒が大きい。 알갱이가 크다.
罪	つみ	**죄** 罪を認める。 죄를 인정하다.
積み重ね	つみかさね	**축적, 쌓아 올림** 努力の積み重ねが実を結ぶ。 노력이 쌓여 결실을 맺다.
つや		**윤, 윤기, 광택** つやが出る。 윤이 나다.
強火 ⟷ 弱火 약불	つよび	**센불** 強火で炒める。 센불에서 볶다.
強み	つよみ	**강점** 強みを生かす。 강점을 살리다.
釣り	つり	**낚시** 海で釣りをする。 바다에서 낚시를 하다.

단어	읽기	뜻 / 예문
連れ	つれ	**일행, 동반** お連れ様でしょうか。 일행이신가요?
定価	ていか	**정가** 定価で販売する。 정가로 판매하다.
定休日	ていきゅうび	**정기 휴일** 明日は定休日だ。 내일은 정기 휴일이다.
提供	ていきょう	**제공** サービスを提供する。 서비스를 제공하다.
抵抗	ていこう	**저항** 不当な指示に抵抗する。 부당한 지시에 저항하다.
停止	ていし	**정지** エンジンが停止する。 엔진이 정지하다.
訂正	ていせい	**정정** 発言を訂正する。 발언을 정정하다.
程度	ていど	**정도, 수준, 가량** ある程度のミスは許容する。 어느 정도의 실수는 허용한다.
定年	ていねん	**정년** 定年を迎える。 정년을 맞이하다.
停留所	ていりゅうじょ	**정류소, 정류장** 次の停留所でバスを降りる。 다음 정류장에서 버스를 내린다.
手入れ	ていれ	**손질, 단속** 庭の手入れをする。 정원을 손질하다.
手書き	てがき	**자필, 손으로 씀** 手書きの年賀状を作る。 손으로 쓴 연하장을 만들다.

敵	てき	**적** 敵(てき)を倒(たお)す。 적을 쓰러뜨리다.
適用	てきよう	**적용** ルールを適用(てきよう)する。 규칙을 적용하다.
弟子	でし	**제자** 職人(しょくにん)の弟子(でし)になる。 장인의 제자가 되다.
手帳	てちょう	**수첩** 手帳(てちょう)に書(か)き込(こ)む。 수첩에 써넣다.
鉄	てつ	**철** 鉄(てつ)を加工(かこう)する。 철을 가공하다.
哲学	てつがく	**철학** 大学(だいがく)で哲学(てつがく)を勉強(べんきょう)する。 대학에서 철학을 공부하다.
鉄橋	てっきょう	**철교** 鉄橋(てっきょう)を渡(わた)る。 철교를 건너다.
手作り	てづくり	**손수 만듦, 수제** 母(はは)の手作(てづく)りの料理(りょうり)を食(た)べる。 어머니가 손수 만든 요리를 먹다.
手続き	てつづき	**수속** 手続(てつづ)きを済(す)ませる。 수속을 마치다.
鉄砲	てっぽう	**총** 鉄砲(てっぽう)を発射(はっしゃ)する。 총을 발사하다.
徹夜	てつや	**철야, 밤 새움** 徹夜(てつや)で看病(かんびょう)する。 철야로 간병하다.
手間	てま	**수고, 시간, 노력, 손** この仕事(しごと)は手間(てま)がかかる。 이 일은 손이 많이 간다.
出迎え	でむかえ	**마중** 空港(くうこう)に出迎(でむか)えに行(い)く。 공항에 마중하러 가다.

添加	てんか	**첨가** 食品に香料を添加する。 식품에 향료를 첨가하다.
⊕ 添加物 첨가물		
展開	てんかい	**전개** 事態が予想外の展開になる。 사태가 예상과는 다르게 전개되다.
転換	てんかん	**전환** 方針を転換する。 방침을 전환하다.
伝記	でんき	**전기** 偉い人の伝記を読む。 훌륭한 사람의 전기를 읽다.
転勤	てんきん	**전근** 大阪に転勤する。 오사카로 전근하다.
点検	てんけん	**점검** 人員を点検する。 인원을 점검하다.
天候	てんこう	**기후, 날씨** 天候が悪化する。 날씨가 나빠지다.
電子	でんし	**전자** 電子機器を使う。 전자 기기를 사용하다.
天井	てんじょう	**천정, 천장** 天井が高い。 천장이 높다.
天職	てんしょく	**천직** 天職を見つける。 천직을 발견하다.
点数	てんすう	**점수** 点数を稼ぐ。 점수를 벌다.
電卓	でんたく	**전자계산기** 電卓で計算する。 전자계산기로 계산하다.
電池	でんち	**전지** 電池を交換する。 전지를 교환하다.

店長	てんちょう	**점장** 店長に相談する。 점장에게 상담하다.
伝統	でんとう	**전통** 伝統を守る。 전통을 지키다.
店内	てんない	**점내, 가게 안** 店内が混雑する。 가게 안이 혼잡하다.
天然	てんねん	**천연** 天然素材を使う。 천연 소재를 사용하다.
電波	でんぱ	**전파** 電波が届く。 전파가 닿다.
添付	てんぷ	**첨부** 書類を添付する。 서류를 첨부하다.
電流	でんりゅう	**전류** 電流が流れる。 전류가 흐르다.
電力	でんりょく	**전력** 電力を供給する。 전력을 공급하다.
問い合わせ	といあわせ	**문의** 問い合わせに対応する。 문의에 대응하다.
統一	とういつ	**통일** 意見を統一する。 의견을 통일하다.
同格	どうかく	**동격, 같은 자격** 彼は社長と同格の地位にある。 그는 사장과 동격의 지위에 있다.
峠	とうげ	**고개, 고비** 峠を越える。 고개를 넘다.
動作	どうさ	**동작** 動作が速い。 동작이 빠르다.

東西	とうざい	**동서, 동쪽과 서쪽** 川が東西に流れる。 강이 동서로 흐르다.
当時	とうじ	**당시** 結婚当時を思い出す。 결혼 당시를 떠올리다.
同時	どうじ	**동시** 二人同時にゴールインする。 두 사람이 동시에 골인하다.
投書	とうしょ	**투서, 투고** 新聞社に投書する。 신문사에 투고하다.
同情	どうじょう	**동정** 被害者に同情する。 피해자를 동정하다.
道徳	どうとく	**도덕** 公衆道徳を守る。 공중도덕을 지키다.
盗難	とうなん	**도난** 盗難に遭う。 도난을 당하다.
導入	どうにゅう	**도입** 新しい制度を導入する。 새로운 제도를 도입하다.
当番	とうばん	**당번** 当番を務める。 당번을 맡다.
投票 ➕ 投票率 투표율	とうひょう	**투표** 市長選挙で投票する。 시장 선거에서 투표하다.
逃亡	とうぼう	**도망** 犯人が逃亡する。 범인이 도망치다.
動揺	どうよう	**동요** 事故にあって動揺する。 사고를 당하여 동요하다.
童謡	どうよう	**동요** 童謡を歌う。 동요를 부르다.

단어	읽기	뜻 / 예문
同僚	どうりょう	**동료** 同僚と協力する。 동료와 협력하다.
登録	とうろく	**등록** 会員として登録する。 회원으로 등록하다.
討論	とうろん	**토론** 教育問題について討論する。 교육 문제에 대해 토론하다.
童話	どうわ	**동화** 童話を読む。 동화를 읽다.
遠回り ⊜回り道	とおまわり	**우회, 멀리 돌아서 감** 遠回りをする。 멀리 돌아가다.
特性	とくせい	**특성** 特性を理解する。 특성을 이해하다.
特徴	とくちょう	**특징** 特徴を説明する。 특징을 설명하다.
特長	とくちょう	**특장, 특별한 장점** 製品の特長を説明する。 제품의 특장을 설명하다.
特定	とくてい	**특정** 事故の原因を特定する。 사고의 원인을 특정하다.
独特	どくとく	**독특함** この店には独特の雰囲気がある。 이 가게에는 독특한 분위기가 있다.
図書 ⊜本 책	としょ	**도서** 図書を返却する。 도서를 반납하다.
都心	としん	**도심** 本社は都心にある。 본사는 도심에 있다.

단어	읽기	뜻 · 예문
戸棚	とだな	**찬장** 戸棚(とだな)を開(あ)ける。 찬장을 열다.
丼	どんぶり	**① 사발** 丼(どんぶり)にご飯(はん)を盛(も)る。 사발에 밥을 담다. **② 덮밥** お昼(ひる)はマグロ丼(どんぶり)を食(た)べた。 점심은 참치덮밥을 먹었다.
長生き	ながいき	**장수** 100歳(ひゃくさい)まで長生(ながい)きする。 100세까지 장수하다.
仲直り	なかなおり	**화해** 友達(ともだち)と仲直(なかなお)りする。 친구와 화해하다.
長年	ながねん	**오랜 세월, 다년** 長年(ながねん)の経験(けいけん)を持(も)つ。 오랜 경험을 가지다.
半ば	なかば	**절반, 중간, 중반** 今年(ことし)も半(なか)ばを過(す)ぎた。 올해도 절반을 지났다.
仲間	なかま	**동료** 仲間(なかま)と協力(きょうりょく)する。 동료와 협력하다.
中身	なかみ	**속, 내용물, 알맹이** 箱(はこ)の中身(なかみ)を確認(かくにん)する。 상자의 내용물을 확인하다.
眺め	ながめ	**전망, 조망, 경치** この部屋(へや)は眺(なが)めがいい。 이 방은 전망이 좋다.
無し	なし	**없음** その話(はなし)は無(な)しにしよう。 그 이야기는 없던 걸로 하자.
謎	なぞ	**수수께끼** 謎(なぞ)を解(と)く。 수수께끼를 풀다.
納豆	なっとう	**낫토(콩을 발효시킨 음식)** 納豆(なっとう)に卵(たまご)を入(い)れる。 낫토에 달걀을 넣다.

納得	なっとく	**납득** 説明(せつめい)に納得(なっとく)する。 설명에 납득하다.
鍋	なべ	**냄비** 鍋料理(なべりょうり)を作(つく)る。 냄비 요리를 만들다.
縄	なわ	**새끼줄, 밧줄** 縄(なわ)で縛(しば)る。 밧줄로 묶다.
南極	なんきょく	**남극** 南極探検(なんきょくたんけん)に行(い)く。 남극 탐험을 가다.
南米	なんべい	**남미** 南米(なんべい)を旅行(りょこう)する。 남미를 여행하다.
南北	なんぼく	**남북** 日本(にほん)は南北(なんぼく)に長(なが)い。 일본은 남북으로 길다.
荷	に	**짐, 부담** 私(わたし)にこの仕事(しごと)は荷(に)が重(おも)い。 나에게 이 일은 부담이 크다.
肉類	にくるい	**육류** 肉類(にくるい)を好(この)んで食(た)べる。 육류를 즐겨 먹다.
虹	にじ	**무지개** 空(そら)に虹(にじ)がかかる。 하늘에 무지개가 걸리다.
日時	にちじ	**일시, 시일** 会議(かいぎ)の日時(にちじ)を決(き)める。 회의 일시를 정하다.
日課	にっか	**일과** 散歩(さんぽ)を日課(にっか)とする。 산책을 일과로 삼다.
日光 ⊕ 日光浴(にっこうよく) 일광욕	にっこう	**일광, 햇빛** 夏(なつ)は日光(にっこう)が強(つよ)い。 여름에는 햇빛이 강하다.
日中 ⊖ 昼(ひる) 낮	にっちゅう	**낮, 대낮** 日中(にっちゅう)は暑(あつ)い。 낮에는 덥다.

단어	읽기	뜻 / 예문
入荷	にゅうか	**입하, 들어옴** 新商品(しんしょうひん)が入荷(にゅうか)する。 신상품이 입하되다.
布	ぬの	**천, 헝겊** 布(ぬの)でカーテンを作(つく)る。 천으로 커튼을 만들다.
ねじ		**나사, 태엽** ねじを締(し)める。 나사를 죄다.
熱帯	ねったい	**열대** 熱帯雨林(ねったいうりん)を探検(たんけん)する。 열대 우림을 탐험하다.
値引き	ねびき	**가격 인하, 값을 깎아줌, 할인** 価格(かかく)を値引(ねび)きする。 가격을 깎다.
寝巻き	ねまき	**잠옷** 寝巻(ねま)きに着替(きが)える。 잠옷으로 갈아입다.
眠り	ねむり	**잠, 수면** 眠(ねむ)りにつく。 잠이 들다.
狙い	ねらい	**표적, 목적** 計画(けいかく)の狙(ねら)いを説明(せつめい)する。 계획의 목적을 설명하다.
年代	ねんだい	**연대, 시대** 建物(たてもの)の年代(ねんだい)を調(しら)べる。 건물의 연대를 조사하다.
年度	ねんど	**연도** 新(あたら)しい年度(ねんど)が始(はじ)まる。 새로운 연도가 시작되다.
年齢 ⊜ 年(とし) 나이	ねんれい	**연령, 나이** 年齢(ねんれい)を重(かさ)ねる。 나이를 먹다.
農家	のうか	**농가** 農家(のうか)を営(いとな)む。 농가를 경영하다.
農業	のうぎょう	**농업** 農業(のうぎょう)は大事(だいじ)な産業(さんぎょう)だ。 농업은 중요한 산업이다.

農産物	のうさんぶつ	**농산물** 農産物を収穫する。 농산물을 수확하다.
納税	のうぜい	**납세** 期限内に納税する。 기한 내에 납세하다.
濃度	のうど	**농도** 濃度を調整する。 농도를 조정하다.
納付	のうふ	**납부** 授業料を納付する。 수업료를 납부하다.
農薬	のうやく	**농약** 農薬を使う。 농약을 사용하다.
能率	のうりつ	**능률** 作業の能率を上げる。 작업의 능률을 올리다.
軒	のき	**처마** 軒から水が落ちる。 처마에서 물이 떨어지다.
望み	のぞみ	**바람, 소망, 희망** 長年の望みがかなう。 오랜 바람이 이루어지다.
後	のち	**후, 다음, 나중** それは後に説明します。 그것은 나중에 설명하겠습니다.
糊	のり	**풀** 糊を付ける。 풀을 칠하다.
場	ば	**곳, 장소, 자리** その場で決める。 그 자리에서 정하다.
背景	はいけい	**배경** 事件の背景を探る。 사건의 배경을 살피다.
廃止	はいし	**폐지** 路線を廃止する。 노선을 폐지하다.

단어	읽기	뜻 / 예문
排出	はいしゅつ	**배출** ごみを排出(はいしゅつ)する。 쓰레기를 배출하다.
配分	はいぶん	**배분** 予算(よさん)を配分(はいぶん)する。 예산을 배분하다.
俳優	はいゆう	**배우** 映画(えいが)俳優(はいゆう)になる。 영화배우가 되다.
墓	はか	**무덤, 묘** 祖先(そせん)の墓(はか)にお参(まい)りする。 조상의 묘를 참배하다.
馬鹿	ばか	**바보** 人(ひと)を馬鹿(ばか)にする。 사람을 바보 취급하다.
博士 ⊖はくし	はかせ	**박사** 博士号(はかせごう)を取得(しゅとく)する。 박사 학위를 취득하다.
墓参り	はかまいり	**성묘** 墓参(はかまい)りに行(い)く。 성묘하러 가다.
秤	はかり	**저울** 体重(たいじゅう)を秤(はかり)で量(はか)る。 체중을 저울로 재다.
吐気	はきけ	**구역질, 메스꺼움** 朝(あさ)から吐気(はきけ)がする。 아침부터 구역질이 난다.
爆発	ばくはつ	**폭발** ガスが爆発(ばくはつ)する。 가스가 폭발하다.
歯車	はぐるま	**톱니바퀴** 歯車(はぐるま)が回転(かいてん)する。 톱니바퀴가 회전하다.
鋏	はさみ	**가위** 鋏(はさみ)で紙(かみ)を切(き)る。 가위로 종이를 자르다.
破産	はさん	**파산** 事業(じぎょう)に失敗(しっぱい)して破産(はさん)する。 사업에 실패하여 파산하다.

端	はし	**끝, 가장자리** 紙(かみ)の端(はし)を折(お)る。 종이 끝을 접다.
恥	はじ	**창피, 부끄러움** 恥(はじ)をかく。 창피를 당하다.
梯子	はしご	**사다리** 梯子(はしご)を上(あが)る。 사다리를 오르다.
初め	はじめ	**처음, 시작** 初(はじ)めからやり直(なお)す。 처음부터 다시 시작하다.
旗	はた	**기, 깃발** 旗(はた)を振(ふ)る。 깃발을 흔들다.
肌	はだ	**피부** 肌(はだ)が荒(あ)れる。 피부가 거칠어지다.
裸	はだか	**알몸, 맨몸** 裸(はだか)になる。 알몸이 되다.
肌着	はだぎ	**속옷, 내의** 肌着(はだぎ)を着(き)る。 속옷을 입다.
働き手	はたらきて	**일손, 일꾼, 노동력** 働(はたら)き手(て)が不足(ふそく)する。 일손이 부족하다.
鉢	はち	**주발, 대접** 料理(りょうり)を鉢(はち)に盛(も)る。 대접에 요리를 담다.
発揮	はっき	**발휘** 力(ちから)を発揮(はっき)する。 힘을 발휘하다.
発掘	はっくつ	**발굴** 遺跡(いせき)を発掘(はっくつ)する。 유적을 발굴하다.
発行	はっこう	**발행** 新聞(しんぶん)を発行(はっこう)する。 신문을 발행하다.

発射	はっしゃ	**발사** ロケットを発射(はっしゃ)する。 로켓을 발사하다.
発達	はったつ	**발달** 言語能力(げんごのうりょく)が発達(はったつ)する。 언어 능력이 발달하다.
花嫁	はなよめ	**신부, 새색시** 花嫁(はなよめ)を祝福(しゅくふく)する。 신부를 축복하다.
ばね		**용수철, 탄력** ばねが伸(の)びる。 용수철이 늘어나다.
破片	はへん	**파편** ガラスの破片(はへん)を片付(かたづ)ける。 유리 파편을 치우다.
場面	ばめん	**장면** 場面(ばめん)が変(か)わる。 장면이 바뀌다.
早起き	はやおき	**일찍 일어남** 早起(はやお)きの習慣(しゅうかん)をつける。 일찍 일어나는 습관을 들이다.
腹	はら	**배, 복부** 腹(はら)が減(へ)る。 배가 고프다.
針	はり	**바늘** 針(はり)で縫(ぬ)う。 바늘로 꿰매다.
針金	はりがね	**철사** 針金(はりがね)を曲(ま)げる。 철사를 구부리다.
春先	はるさき	**초봄, 이른 봄** 春先(はるさき)の風(かぜ)は冷(つめ)たい。 초봄의 바람은 차갑다.
範囲	はんい	**범위** 範囲(はんい)が広(ひろ)い。 범위가 넓다.
反映	はんえい	**반영** 住民(じゅうみん)の意見(いけん)を反映(はんえい)する。 주민의 의견을 반영하다.

半径	はんけい	**반경, 반지름** 円の半径を求める。 원의 반지름을 구하다.
判子	はんこ	**도장, 인감** 判子を押す。 도장을 찍다.
反抗	はんこう	**반항** 親に反抗する。 부모에게 반항하다.
犯罪	はんざい	**범죄** 犯罪を防ぐ。 범죄를 방지하다.
万歳	ばんざい	**만세** 手を挙げて万歳をする。 손을 들어 만세를 부르다.
判事	はんじ	**판사** 判事が判決を下す。 판사가 판결을 내리다.
半数	はんすう	**반수** 半数以上が賛成する。 반수 이상이 찬성하다.
反省	はんせい	**반성** 自分の行動を反省する。 자신의 행동을 반성하다.
半そで	はんそで	**반소매** 半袖のシャツを着る。 반소매 셔츠를 입다.
判断	はんだん	**판단** 状況を判断する。 상황을 판단하다.
反応	はんのう	**반응** 相手の反応を見る。 상대방의 반응을 보다.
反面	はんめん	**반면** この花は暑さに強い反面、寒さに弱い。 이 꽃은 더위에 강한 반면 추위에 약하다.
反論	はんろん	**반론** 相手の主張に反論する。 상대방의 주장에 반론하다.

단어	읽기	뜻 / 예문
比較	ひかく	**비교** 二つ(ふた)を比較(ひかく)する。 두 개를 비교하다.
日陰	ひかげ	**그늘, 응달, 음지** 日陰(ひかげ)で休(やす)む。 그늘에서 쉬다.
引き分け	ひきわけ	**무승부** 試合(しあい)が引(ひ)き分(わ)けに終(お)わる。 경기가 무승부로 끝나다.
悲劇	ひげき	**비극** 悲劇(ひげき)が起(お)きる。 비극이 일어나다.
膝	ひざ	**무릎** 膝(ひざ)を曲(ま)げる。 무릎을 굽히다.
日差し	ひざし	**햇살, 햇볕** 日差(ひざ)しが強(つよ)い。 햇살이 따갑다.
肘	ひじ	**팔꿈치** 肘(ひじ)をつく。 팔꿈치를 괴다.
非常	ひじょう	**비상** 非常事態(ひじょうじたい)に備(そな)える。 비상사태에 대비하다.
額	ひたい	**이마** 額(ひたい)が広(ひろ)い。 이마가 넓다.
筆者	ひっしゃ	**필자** 筆者(ひっしゃ)の意見(いけん)に賛成(さんせい)する。 필자의 의견에 찬성하다.
必需品	ひつじゅひん	**필수품** 必需品(ひつじゅひん)を揃(そろ)える。 필수품을 갖추다.
否定	ひてい	**부정** うわさを否定(ひてい)する。 소문을 부정하다.
人柄	ひとがら	**인품, 성품** 人柄(ひとがら)がいい。 인품이 좋다.

一言	ひとこと	**한마디** 一言(ひとこと)付(つ)け加(くわ)える。 한마디 덧붙이다.
人込み	ひとごみ	**인파** 人込(ひとご)みを避(さ)ける。 인파를 피하다.
人手	ひとで	**일손, 노동력** 人手不足(ひとでぶそく)に悩(なや)む。 일손 부족으로 고생하다.
人通り	ひとどおり	**(사람의) 왕래, 통행** 人通(ひとどお)りが多(おお)い。 사람의 왕래가 많다.
一眠り	ひとねむり	**한숨 잠, 잠깐 잠** ソファーで一眠(ひとねむ)りする。 소파에서 한숨 자다.
瞳	ひとみ	**눈동자** 瞳(ひとみ)が輝(かがや)く。 눈동자가 빛나다.
一人暮らし	ひとりぐらし	**혼자서 삶, 독신 생활** 一人暮(ひとりぐ)らしを始(はじ)める。 혼자서 살기 시작하다.
独り言	ひとりごと	**혼잣말** 独(ひと)り言(ごと)を言(い)う。 혼잣말을 하다.
非難	ひなん	**비난** 態度(たいど)を非難(ひなん)する。 태도를 비난하다.
皮肉	ひにく	**비아냥거림, 비꼼** 皮肉(ひにく)を言(い)う。 비아냥거리다.
日にち	ひにち	**날짜** 日(ひ)にちを決(き)める。 날짜를 정하다.
日の出	ひので	**일출, 해돋이** 日(ひ)の出(で)を眺(なが)める。 일출을 바라보다.
批判	ひはん	**비판** 批判(ひはん)を受(う)ける。 비판을 받다.

日々	ひび	**나날, 매일** 日々成長する。 나날이 성장하다.
批評	ひひょう	**비평** 作品を批評する。 작품을 비평하다.
皮膚	ひふ	**피부** 皮膚が弱い。 피부가 약하다.
秘密	ひみつ	**비밀** 秘密を守る。 비밀을 지키다.
評価	ひょうか	**평가** 高い評価を受ける。 높은 평가를 받다.
標識	ひょうしき	**표지, 표식** 交通標識を確認する。 교통 표지를 확인하다.
標準	ひょうじゅん	**표준** 標準を決める。 표준을 정하다.
評判	ひょうばん	**평판** 評判がいい。 평판이 좋다.
標本	ひょうほん	**표본, 본보기** 標本を集める。 표본을 모으다.
評論	ひょうろん	**평론** 評論を書く。 평론을 쓰다.
比例	ひれい	**비례** 価格は需要に比例する。 가격은 수요에 비례한다.
疲労	ひろう	**피로** 疲労が溜まる。 피로가 쌓이다.
広場	ひろば	**광장** 広場で遊ぶ。 광장에서 놀다.

瓶	びん	**병** ジャムを瓶に詰める。 잼을 병에 담다.
貧困	ひんこん	**빈곤** 貧困に苦しむ。 빈곤에 시달리다.
部員	ぶいん	**부원, 멤버** 部員を募集する。 부원을 모집하다.
風船	ふうせん	**풍선** 風船を飛ばす。 풍선을 날리다.
笛	ふえ	**피리** 笛を吹く。 피리를 불다.
不可	ふか	**불가, 옳지 않음** 辞書の使用は不可とする。 사전의 사용은 불가하다.
部活	ぶかつ	**동아리 활동, 클럽 활동** 部活に参加する。 동아리 활동에 참가하다.
武器	ぶき	**무기** 武器を持つ。 무기를 지니다.
普及	ふきゅう	**보급** スマホが普及する。 스마트폰이 보급되다.
付近	ふきん	**부근** この付近には学校が多い。 이 부근에는 학교가 많다.
福祉	ふくし	**복지** 福祉を充実させる。 복지를 충실히 하다.
複写	ふくしゃ	**복사** 図書館の資料は複写することができる。 도서관의 자료는 복사할 수 있다.
服従	ふくじゅう	**복종** 命令に服従する。 명령에 복종하다.

服装	ふくそう	**복장, 옷차림** 服装(ふくそう)を整(ととの)える。 복장을 갖추다.
袋	ふくろ	**봉지, 자루** 袋(ふくろ)に入(い)れる。 봉지에 넣다.
符号	ふごう	**부호, 기호** 符号(ふごう)を付(つ)ける。 부호를 붙이다.
無沙汰	ぶさた	**무소식, 격조** ご無沙汰(ぶさた)しております。 그간 격조했습니다.
節	ふし	**마디, 관절** 指(ゆび)の節(ふし)が痛(いた)い。 손가락 마디가 아프다.
武士	ぶし	**무사** 武士(ぶし)の生活(せいかつ)を研究(けんきゅう)する。 무사의 생활을 연구하다.
部署	ぶしょ	**부서** 担当(たんとう)部署(ぶしょ)に連絡(れんらく)する。 담당 부서에 연락하다.
不祥事	ふしょうじ	**불상사** 不祥事(ふしょうじ)が発覚(はっかく)する。 불상사가 발각되다.
不正	ふせい	**부정** 不正(ふせい)を正(ただ)す。 부정을 바로잡다.
付属 ⊕ 付属品(ふぞくひん) 부속품	ふぞく	**부속** その病院(びょういん)は大学(だいがく)に付属(ふぞく)している。 그 병원은 대학에 부속되어 있다.
札	ふだ	**표, 팻말** 札(ふだ)をつける。 팻말을 붙이다.
双子	ふたご	**쌍둥이** 双子(ふたご)が生(う)まれる。 쌍둥이가 태어나다.
負担	ふたん	**부담** 費用(ひよう)を負担(ふたん)する。 비용을 부담하다.

단어	읽기	뜻 / 예문
不注意	ふちゅうい	**부주의** 不注意で失敗する。 부주의로 실패하다.
物質	ぶっしつ	**물질** 有害物質を処理する。 유해 물질을 처리하다.
沸騰	ふっとう	**비등, 끓어오름** お湯が沸騰する。 물이 끓다.
船便	ふなびん	**배편** 船便で届く。 배편으로 도착하다.
吹雪	ふぶき	**눈보라** 吹雪が激しくなる。 눈보라가 심해지다.
不平	ふへい	**불평, 불만** 不平を言う。 불평을 하다.
父母	ふぼ	**부모** 父母に感謝する。 부모님께 감사하다.
麓	ふもと	**기슭, 산기슭** 山の麓に公園がある。 산기슭에 공원이 있다.
不利益	ふりえき	**불이익** 不利益を被る。 불이익을 당하다.
ふるさと ㊀ 故郷, 郷里		**고향** ふるさとを思い出す。 고향을 생각하다.
噴火	ふんか	**분화** 火山が噴火する。 화산이 분화하다.
分解	ぶんかい	**분해** 機械を分解する。 기계를 분해하다.
噴水	ふんすい	**분수** 噴水が出る。 분수가 나오다.

分析	ぶんせき	**분석** データを分析する。 데이터를 분석하다.
分担	ぶんたん	**분담** 仕事を分担する。 일을 분담하다.
分布	ぶんぷ	**분포** 支店が全国に分布する。 지점이 전국에 분포하다.
文脈	ぶんみゃく	**문맥** 文脈を理解する。 문맥을 이해하다.
文明	ぶんめい	**문명** 古代文明を研究する。 고대 문명을 연구하다.
分野	ぶんや	**분야** 専門分野で活躍する。 전문 분야에서 활약하다.
分量	ぶんりょう	**분량** レシピの分量を守る。 레시피의 분량을 지키다.
塀	へい	**담, 담장, 울타리** 塀を立てる。 담장을 세우다.
閉会	へいかい	**폐회** 会議が閉会する。 회의가 폐회되다.
兵隊	へいたい	**군대, 병사** 兵隊が行進する。 군대가 행진하다.
平野	へいや	**평야, 들** 広大な平野が広がる。 광대한 평야가 펼쳐지다.
へそ		**배꼽** へそを出して寝る。 배꼽을 내놓고 자다.
別	べつ	**다름, 차이, 구별** 別の方法を試す。 다른 방법을 시도하다.

別人	べつじん	**딴사람** 酒を飲むと別人になる。 술을 마시면 딴사람이 된다.
別荘	べっそう	**별장** 別荘で休暇を過ごす。 별장에서 휴가를 보내다.
返却	へんきゃく	**반환, 반납** 借りた本を返却する。 빌린 책을 반납하다.
変更	へんこう	**변경** 予定を変更する。 예정을 변경하다.
返品	へんぴん	**반품** 商品を返品する。 상품을 반품하다.
棒	ぼう	**막대, 막대기, 몽둥이** 棒で殴る。 몽둥이로 때리다.
貿易	ぼうえき	**무역** 貿易を拡大する。 무역을 확대하다.
望遠鏡	ぼうえんきょう	**망원경** 望遠鏡で星を観察する。 망원경으로 별을 관찰하다.
方角	ほうがく	**방향, 방위** 方角を確かめる。 방향을 확인하다.
ほうき		**빗자루** ほうきで掃除する。 빗자루로 청소하다.
方言	ほうげん	**방언, 사투리** 方言で話す。 사투리로 말하다.
冒険	ぼうけん	**모험** 冒険に出る。 모험을 떠나다.
暴言	ぼうげん	**폭언** 暴言を吐く。 폭언을 하다.

暴行	ぼうこう	**폭행** 暴行を加える。 폭행을 가하다.
防災	ぼうさい	**방재** 防災訓練を行う。 방재 훈련을 하다.
防止	ぼうし	**방지** 事故の防止に努める。 사고 방지에 힘쓰다.
放出	ほうしゅつ	**방출, 분출** 熱を放出する。 열을 방출하다.
方針	ほうしん	**방침** 基本方針を決める。 기본 방침을 정하다.
包装	ほうそう	**포장** 商品を包装する。 상품을 포장하다.
包帯	ほうたい	**붕대** 包帯を巻く。 붕대를 감다.
報道	ほうどう	**보도** 真実を報道する。 진실을 보도하다.
防犯	ぼうはん	**방범** 防犯カメラを設置する。 방범 카메라를 설치하다.
暴力	ぼうりょく	**폭력** 暴力で金を奪う。 폭력으로 돈을 빼앗다.
頬	ほお/ほほ	**볼, 뺨** 涙で頬をぬらす。 눈물로 뺨을 적시다.
牧場	ぼくじょう	**목장** 牧場を経営する。 목장을 경영하다.
牧畜	ぼくちく	**목축** 牧畜をする。 목축을 하다.

北米	ほくべい	**북미** 北米大陸(ほくべいたいりく)を旅行(りょこう)する。 북미 대륙을 여행하다.
保健 ⊕ 保健室(ほけんしつ) 보건실	ほけん	**보건** 生徒(せいと)に保健(ほけん)を指導(しどう)する。 학생에게 보건을 지도하다.
保証	ほしょう	**보증** 品質(ひんしつ)を保証(ほしょう)する。 품질을 보증하다.
補足	ほそく	**보충** 補足説明(ほそくせつめい)をする。 보충 설명을 하다.
保存	ほぞん	**보존** データを保存(ほぞん)する。 데이터를 보존하다.
北極	ほっきょく	**북극** 北極(ほっきょく)を探検(たんけん)する。 북극을 탐험하다.
炎	ほのお	**불꽃, 불길** 炎(ほのお)が燃(も)え上(あ)がる。 불길이 타오르다.
ぼろ		**넝마, 누더기** ズボンがぼろになる。 바지가 누더기가 되다.
本日	ほんじつ	**오늘** 本日(ほんじつ)は休業日(きゅうぎょうび)です。 오늘은 휴무일입니다.
本社	ほんしゃ	**본사** 本社(ほんしゃ)で会議(かいぎ)を開(ひら)く。 본사에서 회의를 열다.
本書	ほんしょ	**본서, 이 책** 本書(ほんしょ)を参考(さんこう)にしてください。 본서를 참고해 주세요.
盆地	ぼんち	**분지** 盆地(ぼんち)の夏(なつ)は暑(あつ)い。 분지의 여름은 덥다.
本物	ほんもの	**진짜, 진품** 本物(ほんもの)のブランド品(ひん)を買(か)う。 진짜 브랜드 제품을 사다.

단어	읽기	뜻 / 예문
本来	ほんらい	**본래** 本来の目的を考える。 본래의 목적을 생각하다.
本論	ほんろん	**본론** 話が本論に入る。 이야기가 본론으로 들어가다.
毎回	まいかい	**매회, 매번** 毎回同じ失敗をする。 매번 똑같은 실수를 하다.
間際	まぎわ	**직전** 締め切り間際まで修正する。 마감 직전까지 수정하다.
枕	まくら	**베개** 枕をして寝る。 베개를 베고 자다.
摩擦	まさつ	**마찰** 摩擦が生じる。 마찰이 생기다.
待合室	まちあいしつ	**대합실, 대기실** 待合室で順番を待つ。 대기실에서 차례를 기다리다.
町中	まちなか	**시내, 번화가** 町中を散策する。 시내를 산책하다.
真っ先	まっさき	**맨 앞, 맨 먼저, 맨 처음** 真っ先に手を挙げる。 맨 먼저 손을 들다.
真夏	まなつ	**한여름** 真夏の暑さに耐える。 한여름의 더위를 견디다.
まぶた		**눈꺼풀** まぶたが重くなる。 눈꺼풀이 무거워지다.
真冬	まふゆ	**한겨울** 真冬の寒さが続く。 한겨울 추위가 계속되다.
真夜中	まよなか	**한밤중** 真夜中に目が覚める。 한밤중에 잠에서 깨다.

단어	읽기	뜻 / 예문
万引き	まんびき	**물건 훔치기, 절도** 万引きは犯罪だ。 절도는 범죄이다.
実	み	**열매, 결실, 성과** 努力が実を結ぶ。 노력이 결실을 맺다.
見かけ	みかけ	**외관, 겉보기** 見かけは悪いが味はいい。 겉보기는 나쁘지만 맛은 좋다.
見方	みかた	**견해, 생각** 新しい見方をする。 새로운 견해를 나타내다.
三日月	みかづき	**초승달** 夜空に三日月が浮かぶ。 밤하늘에 초승달이 뜨다.
味噌	みそ	**된장** 味噌で味をつける。 된장으로 맛을 내다.
味噌汁	みそしる	**된장국** 味噌汁に野菜を入れる。 된장국에 야채를 넣다.
密閉	みっぺい	**밀폐** 容器を密閉する。 용기를 밀폐하다.
身分 ⊕ **身分証明書**(みぶんしょうめいしょ) 신분증	みぶん	**지위, 신분** 身分を隠す。 신분을 숨기다.
見本	みほん	**견본, 견품** 見本を見せる。 견본을 보여주다.
未満	みまん	**미만** 4歳未満は無料で入場できる。 4세 미만은 무료로 입장할 수 있다.
身元	みもと	**신원** 身元を確認する。 신원을 확인하다.
都	みやこ	**도시, 수도** 京都は昔の都である。 교토는 옛 수도이다.

名字 みょうじ

성, 성씨

日本人(にほんじん)の名字(みょうじ)は複雑(ふくざつ)だ。 일본인의 성은 복잡하다.

魅力 みりょく

매력

店(みせ)の雰囲気(ふんいき)に魅力(みりょく)を感(かん)じる。

가게 분위기에 매력을 느끼다.

民謡 みんよう

민요

民謡(みんよう)を歌(うた)う。 민요를 부르다.

向かい むかい

맞은편, 건너편

彼(かれ)の家(いえ)は私(わたし)の家(いえ)の向(む)かいにある。

그의 집은 우리 집 맞은편에 있다.

無限 むげん

무한

あなたには無限(むげん)の可能性(かのうせい)がある。

당신에게는 무한한 가능성이 있다.

矛盾 むじゅん

모순

矛盾(むじゅん)した行動(こうどう)をとる。 모순된 행동을 취하다.

無数 むすう

무수

無数(むすう)の星(ほし)が輝(かがや)く。 무수한 별이 빛나다.

紫色 むらさきいろ

보라색, 보랏빛

紫色(むらさきいろ)の花(はな)が咲(さ)く。 보라색 꽃이 피다.

群れ むれ

무리, 떼

鳥(とり)の群(む)れが飛(と)ぶ。 새 떼가 날다.

芽 め

싹, 움

芽(め)が生(は)える。 싹이 트다.

姪 めい

조카딸

姪(めい)が遊(あそ)びに来(く)る。 조카딸이 놀러 오다.

名所 めいしょ

명소

観光(かんこう)名所(めいしょ)を訪(おとず)れる。 관광 명소를 방문하다.

단어	읽기	뜻 · 예문
迷信	めいしん	**미신** 迷信を信じる。 미신을 믿다.
名物	めいぶつ	**명물** 名物料理を味わう。 명물 요리를 맛보다.
迷路	めいろ	**미로** 迷路を通り抜ける。 미로를 빠져나가다.
命令	めいれい	**명령** 命令を実行する。 명령을 실행하다.
目上 ⊖ 目下 손아래	めうえ	**손위, 손윗사람, 윗사람** 目上の人に敬語を使う。 손윗사람에게 경어를 쓰다.
目下 ⊖ 目上 손위	めした	**손아래, 손아랫사람, 아랫사람** 目下の人に親切に話す。 손아랫사람에게 친절하게 말하다.
目印	めじるし	**표시, 목표물** 目印をつける。 표시를 하다.
目安	めやす	**기준, 목표** 費用の目安を立てる。 비용의 기준을 정하다.
面	めん	**① 얼굴** 面と向かって話す。 얼굴을 마주 보고 이야기하다. **② 부분, 측면** 資金の面では困らない。 자금 면에서는 곤란하지 않다.
免疫 ⊕ 免疫力 면역력	めんえき	**면역, 익숙함** 免疫を高める生活をする。 면역을 높이는 생활을 하다.
面積	めんせき	**면적** 土地の面積を測る。 토지의 면적을 재다.
申込書	もうしこみしょ	**신청서** 申込書を提出する。 신청서를 제출하다.

木材 もくざい

목재

けんちく もくざい つか
建築に木材を使う。 건축에 목재를 쓰다.

目次 もくじ

목차

ほん もくじ み
本の目次を見る。 책의 목차를 보다.

木製 もくせい

목제

もくせい かぐ せいぞう
木製の家具を製造する。 목제 가구를 제조하다.

木造 もくぞう

목조

もくぞう かおく た なら
木造の家屋が立ち並ぶ。 목조 가옥이 늘어서다.

餅 もち

떡

もち た
餅を食べる。 떡을 먹다.

持ち主 もちぬし

소유자, 주인

くるま も ぬし か
車の持ち主が変わる。 차 주인이 바뀌다.

元 もと

원래

もと ばしょ もど
元の場所に戻す。 원래 자리로 돌려놓다.

物音 ものおと

소리

ものおと おどろ
物音に驚く。 소리에 놀라다.

物事 ものごと

사물, 사안

ものごと しんちょう かんが
物事を慎重に考える。 사안을 신중하게 생각하다.

物差し ものさし

기준, 척도

じぶん もの さ たにん はか
自分の物差しで他人を測る。
자신의 기준으로 남을 판단하다.

模範 もはん

모범

もはん こうどう
模範となる行動をとる。 모범이 되는 행동을 취하다.

紅葉 もみじ

㊁ こうよう

단풍

あき もみじ うつく
秋の紅葉が美しい。 가을 단풍이 아름답다.

催し もよおし

모임, 행사, 이벤트, 기획

ちいき もよお さんか
地域の催しに参加する。 지역 행사에 참가하다.

단어	읽기	뜻 / 예문
最寄り	もより	**가장 가까운 곳** 最寄りの駅で降りる。 가까운 역에서 내리다.
問答	もんどう	**문답** 問答を繰り返す。 문답을 되풀이하다.
やかん		**주전자** やかんでお湯を沸かす。 주전자로 물을 끓이다.
焼き物	やきもの	**① 도자기** 陶器の焼き物を買う。 도자기를 사다. **② 구이 요리** 魚の焼き物を食べる。 생선구이를 먹다.
役者	やくしゃ	**배우** 役者が演技する。 배우가 연기하다.
役所	やくしょ	**관공서, 관청** 役所で手続きをする。 관공서에서 수속을 하다.
役人	やくにん	**관리, 공무원** 役人が書類をチェックする。 공무원이 서류를 확인하다.
薬品	やくひん	**약품** 救急薬品を備える。 구급약품을 갖추다.
役目 ⊜役割	やくめ	**역할, 임무** 自分の役目を果たす。 제 역할을 완수하다.
役割 ⊜役目	やくわり	**역할, 임무** 重要な役割を担う。 중요한 역할을 담당하다.
矢印	やじるし	**화살표** 矢印の方向に進む。 화살표 방향으로 나아가다.
野生	やせい	**야생** 野生動物を保護する。 야생 동물을 보호하다.

宿	やど	**숙소** 駅(えき)の近(ちか)くに宿(やど)を決(き)める。 역 근처에 숙소를 정하다.
家主 ⊖ 大家(おおや) 집주인	やぬし	**집주인, 가장** 家主(やぬし)と契約(けいやく)を結(むす)ぶ。 집주인과 계약을 맺다.
屋根	やね	**지붕** 屋根(やね)に登(のぼ)る。 지붕에 오르다.
山火事	やまかじ	**산불** 山火事(やまかじ)が発生(はっせい)する。 산불이 나다.
山小屋	やまごや	**산장** 山小屋(やまごや)で一夜(いちや)を過(す)ごす。 산장에서 하룻밤을 보내다.
唯一	ゆいいつ	**유일** 唯一(ゆいいつ)の希望(きぼう)が消(き)える。 유일한 희망이 사라지다.
遺言	ゆいごん	**유언** 父(ちち)の遺言(ゆいごん)を守(まも)る。 아버지의 유언을 지키다.
遊園地	ゆうえんち	**유원지, 놀이공원** 遊園地(ゆうえんち)で遊(あそ)ぶ。 놀이공원에서 놀다.
夕刊	ゆうかん	**석간, 석간 신문** 夕刊(ゆうかん)を読(よ)む。 석간을 읽다.
優勝	ゆうしょう	**우승** 大会(たいかい)で優勝(ゆうしょう)する。 대회에서 우승하다.
浴衣	ゆかた	**유카타, 면 홑옷** 浴衣(ゆかた)を着(き)る。 유카타를 입다.
行き止まり ⊖ いきどまり	ゆきどまり	**막다른 곳, 막다른 길** 住宅街(じゅうたくがい)は行(ゆ)き止(ど)まりが多(おお)い。 주택가는 막다른 길이 많다.
行方	ゆくえ	**행방, 행선지** 彼(かれ)の行方(ゆくえ)が分(わ)からない。 그의 행방을 알 수 없다.

湯気	ゆげ	**김** 湯気が立つ。 김이 나다.
輸血	ゆけつ	**수혈** 輸血を受ける。 수혈을 받다.
輸送	ゆそう	**수송** 貨物を輸送する。 화물을 수송하다.
油断	ゆだん	**방심, 부주의** 油断は禁物だ。 방심은 금물이다.
湯飲み	ゆのみ	**찻잔** 湯飲みでお茶を飲む。 찻잔으로 차를 마시다.
溶岩	ようがん	**용암** 火山から溶岩が流れる。 화산에서 용암이 흐르다.
要求	ようきゅう	**요구** 要求に応じる。 요구에 응하다.
用語	ようご	**용어** 専門用語を使う。 전문 용어를 사용하다.
容姿	ようし	**용모와 자태, 얼굴과 몸매** 容姿を気にする。 용모를 신경 쓰다.
用紙	ようし	**용지** 申込用紙に記入する。 신청 용지에 기입하다.
用心	ようじん	**조심, 주의** 火の用心を呼びかける。 불조심을 호소하다.
様子	ようす	**모습, 상태** 雲の様子を見る。 구름의 상태를 보다.
容積	ようせき	**용적, 용량, 부피** 器の容積を量る。 그릇의 용량을 재다.

단어	읽기	뜻·예문
要素	ようそ	**요소** 必要な要素がそろう。 필요한 요소가 갖추어지다.
要点	ようてん	**요점** 話の要点をまとめる。 이야기의 요점을 정리하다.
用途	ようと	**용도** 電子レンジは用途が広い。 전자레인지는 용도가 넓다.
養分	ようぶん	**양분** 十分な養分を取る。 충분한 양분을 섭취하다.
羊毛	ようもう	**양모, 양털** 羊毛でセーターを編む。 양털로 스웨터를 짜다.
要領	ようりょう	**요령** 要領よく仕事を進める。 요령 있게 일을 진행하다.
予感	よかん	**예감** 嫌な予感がする。 불안한 예감이 든다.
予期	よき	**예기, 미리 기대함** 予期しなかった結果に驚く。 예기치 않았던 결과에 놀라다.
欲	よく	**욕심** 欲が深い。 욕심이 많다.
予告	よこく	**예고** 映画の予告を見る。 영화의 예고를 보다.
横道	よこみち	**옆길, 샛길** 横道にそれる。 옆길로 빠지다.
予選	よせん	**예선** 予選を通過する。 예선을 통과하다.
予測	よそく	**예측** 結果を予測する。 결과를 예측하다.

酔っ払い よっぱらい
술꾼, 술주정뱅이, 취객
酔っ払いが暴れる。 취객이 난동을 부리다.

与党 よとう
여당
国会で与党と野党が対立する。
국회에서 여당과 야당이 대립하다.

世の中 よのなか
세상
世の中は不公平だ。 세상은 불공평하다.

予備 よび
예비
予備の鍵を持つ。 예비 열쇠를 지니다.

予備校 よびこう
입시 학원
進学のため予備校に通う。
진학을 위해 입시 학원에 다니다.

余分 よぶん
여분, 나머지
少しは余分がある。 조금은 여분이 있다.

嫁 よめ
며느리, 신부
嫁に行く。 시집가다.

余裕 よゆう
여유
時間的余裕がある。 시간적 여유가 있다.

弱火 よわび
↔ 強火 센불
약불, 약한 불
弱火で焼く。 약한 불에서 굽다.

弱み よわみ
약점
相手の弱みを握る。 상대의 약점을 잡다.

来日 らいにち
일본 방문, 방일
外国人が来日する。 외국인이 일본을 방문하다.

落選 らくせん
낙선
選挙で落選する。 선거에서 낙선하다.

落第	らくだい	**낙제, 낙방, 유급** 試験に落第する。 시험에 낙제하다.
欄	らん	**란, 칸** お知らせの欄をご覧ください。 공지란을 보십시오.
利益	りえき	**이익, 이득** 利益を追求する。 이익을 추구하다.
利害	りがい	**이해, 득실** 利害関係が一致する。 이해관계가 일치하다.
陸地	りくち	**육지** 船が陸地に近づく。 배가 육지에 접근하다.
理事会	りじかい	**이사회** 理事会で方針を決める。 이사회에서 방침을 정하다.
流域	りゅういき	**유역** 川の流域が広い。 강 유역이 넓다.
漁師	りょうし	**어부** 漁師が網を引く。 어부가 그물을 당기다.
領事 ➕ **領事館** 영사관	りょうじ	**영사, 외국에서 자국민을 보호하는 공무원** 領事と意見交換を行う。 영사와 의견을 교환하다.
領収書	りょうしゅうしょ	**영수증** 領収書を発行する。 영수증을 발행하다.
臨時	りんじ	**임시** 臨時の会議を開く。 임시 회의를 열다.
礼儀	れいぎ	**예의** 礼儀正しく振る舞う。 예의 바르게 행동하다.
零点	れいてん	**영점, 빵점, 어느 점** テストで零点を取る。 테스트에서 영점을 받다.

列島 れっとう

열도

日本列島(にほんれっとう)には火山(かざん)が多(おお)い。 일본 열도에는 화산이 많다.

連合 れんごう

연합

多数(たすう)の企業(きぎょう)が連合(れんごう)する。 다수의 기업이 연합하다.

連想 れんそう

연상, 떠올림

夏(なつ)というと海(うみ)を連想(れんそう)する。 여름하면 바다를 연상하다.

連続 れんぞく

연속

連続(れんぞく)ドラマを見(み)る。 연속극을 보다.

ろうそく

초, 양초

ろうそくに火(ひ)をつける。 초에 불을 붙이다.

労働 ろうどう

노동

労働条件(ろうどうじょうけん)を改善(かいぜん)する。 노동 조건을 개선하다.

露出 ろしゅつ

노출

上半身(じょうはんしん)を露出(ろしゅつ)する。 상반신을 노출하다.

路線 ろせん

노선

バスの路線(ろせん)を新設(しんせつ)する。 버스 노선을 신설하다.

論争 ろんそう

논쟁

激(はげ)しい論争(ろんそう)を交(か)わす。 격렬한 논쟁을 주고받다.

論文 ろんぶん

논문

論文(ろんぶん)を発表(はっぴょう)する。 논문을 발표하다.

我が家 わがや

⊜わがいえ

우리 집

我(わ)が家(や)が一番心地(いちばんここち)よい。 우리 집이 가장 마음 편하다.

脇 わき

① 겨드랑이, 옆구리

脇(わき)に体温計(たいおんけい)をはさむ。 겨드랑이에 체온계를 끼다.

② 옆, 곁

道路(どうろ)の脇(わき)に車(くるま)を止(と)める。 도로 옆에 차를 세우다.

綿	わた	**솜, 목화** 布団(ふとん)に綿(わた)を入(い)れる。 이불에 솜을 넣다.
和服	わふく	**일본식 옷, 일본 전통 의상** 和服(わふく)を着(き)る。 일본 전통 의상을 입다.
割り勘	わりかん	**각자 부담, 각출** 割(わ)り勘(かん)で支払(しはら)う。 각출하여 지불하다.
割高	わりだか	**품질이나 양에 비해 비쌈** この店(みせ)の料理(りょうり)は割高(わりだか)だ。 이 가게의 요리는 비교적 비싸다.
割安	わりやす	**품질이나 양에 비해 쌈** まとめて買(か)うと割安(わりやす)になる。 한꺼번에 사면 비교적 저렴해진다.
悪口 ㊂わるぐち	わるくち	**욕, 험담** 人(ひと)の悪口(わるくち)を言(い)う。 남의 험담을 하다.
我々	われわれ	**우리** 我々(われわれ)は最後(さいご)まで戦(たたか)う。 우리는 끝까지 싸울 것이다.
湾	わん	**만, 항만** 湾(わん)に船(ふね)が入(はい)ってくる。 항만으로 배가 들어오다.

접두어

悪～	あく～	악～ ▶ 悪影響(あくえいきょう) 악영향 悪条件(あくじょうけん) 악조건
異～	い～	이(다름)～ ▶ 異文化(いぶんか) 이문화 異分野(いぶんや) 이분야, 다른 분야
薄～	うす～	얇은～, 연한～, 조금～ ▶ 薄味(うすあじ) 싱거운 맛 薄紙(うすがみ) 얇은 종이 薄汚い(うすぎたな) 조금 지저분하다 薄暗い(うすぐら) 조금 어둡다
仮～	かり～	임시～ ▶ 仮採用(かりさいよう) 임시 채용 仮証明書(かりしょうめいしょ) 임시 증명서
貴～	き～	귀(상대를 높이는 말)～ ▶ 貴社(きしゃ) 귀사 貴団体(きだんたい) 귀 단체
旧～	きゅう～	구(옛날)～ ▶ 旧制度(きゅうせいど) 구제도 旧都心(きゅうとしん) 구도심
現～	げん～	현～ ▶ 現政府(げんせいふ) 현 정부 現段階(げんだんかい) 현 단계
高～	こう～	고～ ▶ 高気圧(こうきあつ) 고기압 高収入(こうしゅうにゅう) 고수입 高性能(こうせいのう) 고성능
再～	さい～	재～ ▶ 再提出(さいていしゅつ) 재제출 再放送(さいほうそう) 재방송
最～	さい～	최～, 가장～ ▶ 最上級(さいじょうきゅう) 최상급 最新型(さいしんがた) 최신형 最接近(さいせっきん) 최접근 最有力(さいゆうりょく) 가장 유력함
主～	しゅ～	주～, 주된～ ▶ 主原料(しゅげんりょう) 주원료 主目的(しゅもくてき) 주목적
準～	じゅん～	준(비길 만한, 다음 차례의)～ ▶ 準決勝(じゅんけっしょう) 준결승 準優勝(じゅんゆうしょう) 준우승
諸～	しょ～	여러～, 많은～ ▶ 諸外国(しょがいこく) 외국 여러 나라 諸問題(しょもんだい) 여러 문제
初～	しょ～	첫～ ▶ 初対面(しょたいめん) 첫 대면 初年度(しょねんど) 첫 해
新～	しん～	신～ ▶ 新学期(しんがっき) 신학기 新記録(しんきろく) 신기록
前～	ぜん～	전～ ▶ 前議長(ぜんぎちょう) 전 의장 前社長(ぜんしゃちょう) 전 사장
総～	そう～	총～ ▶ 総売上(そううりあげ) 총매출 総選挙(そうせんきょ) 총선거 総まとめ(そう) 총정리
低～	てい～	저～ ▶ 低価格(ていかかく) 저가격 低所得(ていしょとく) 저소득

同~	どう~	동~ ▶ 同意見(どういけん) 같은 의견 同年齢(どうねんれい) 동 연령, 같은 나이
初~	はつ~	첫~ ▶ 初恋(はつこい) 첫사랑 初雪(はつゆき) 첫눈
半~	はん~	반(절반, 중간)~ ▶ 半永久(はんえいきゅう) 반영구 半透明(はんとうめい) 반투명
反~	はん~	반(반대의)~ ▶ 反社会的(はんしゃかいてき) 반사회적 反主流(はんしゅりゅう) 반주류
非~	ひ~	비~ ▶ 非公式(ひこうしき) 비공식 非売品(ひばいひん) 비매품
一~	ひと~	약간의~, 조금의~ ▶ 一苦労(ひとくろう) 약간의 고생 一休み(ひとやす) 짧은 휴식
不~	ふ~	불~ ▶ 不公平(ふこうへい) 불공평 不必要(ふひつよう) 불필요
副~	ふく~	부(부차적인, 버금가는)~ ▶ 副作用(ふくさよう) 부작용 副社長(ふくしゃちょう) 부사장
真~	ま~	완전히~, 정확히~ ▶ 真新しい(まあたら) 완전히 새롭다 真夜中(まよなか) 한밤중
未~	み~	미~ ▶ 未完成(みかんせい) 미완성 未経験(みけいけん) 미경험
無~	む~	무~ ▶ 無意味(むいみ) 무의미 無責任(むせきにん) 무책임 無料(むりょう) 무료
名~	めい~	명~ ▶ 名作品(めいさくひん) 명작 名選手(めいせんしゅ) 명선수 名文句(めいもんく) 명문장
来~	らい~	내(다음의, 이쪽으로 옴)~ ▶ 来シーズン(らい) 다음 시즌 来店(らいてん) 내점

접미어

~明け	~あけ	~직후 ▶ 梅雨明け(つゆあ) 장마 직후 連休明け(れんきゅうあ) 연휴 직후
~宛て	~あて	~앞(수신인 주소) ▶ 会社宛て(かいしゃあ) 회사 앞 自宅宛て(じたくあ) 자택 앞 私宛て(わたしあ) 내 앞
~案	~あん	~안(계획, 생각) ▶ 企画案(きかくあん) 기획안 予算案(よさんあん) 예산안
~一色	~いっしょく	~일색 ▶ 賛成一色(さんせいいっしょく) 찬성 일색 祭りムード一色(まつ いっしょく) 축제 분위기 일색
~おき		~간격, ~걸러 ▶ 3メートルおき(さん) 3미터 간격 二日おき(ふつか) 이틀 걸러

～下	～か	～하(어떤 상태나 영향 아래) ▶ 管理下(かんりか) 관리하 支配下(しはいか) 지배하
～界	～かい	～계(분야) ▶ 医学界(いがくかい) 의학계 映画界(えいがかい) 영화계 経済界(けいざいかい) 경제계
～街	～がい	～가(거리) ▶ 住宅街(じゅうたくがい) 주택가 商店街(しょうてんがい) 상점가
～箇所	～かしょ	～개소, ～군데 ▶ 一箇所(いっかしょ), 二箇所(にかしょ) 한 군데, 두 군데
～感	～かん	～감 ▶ 現実感(げんじつかん) 현실감 スピード感(かん) 속도감
～観	～かん	～관(견해, 관점) ▶ 結婚観(けっこんかん) 결혼관 人生観(じんせいかん) 인생관
～気味	～ぎみ	～기미, ～기운, ～기색, ～낌새 ▶ 風邪気味(かぜぎみ) 감기 기운 疲(つか)れ気味(ぎみ) 피곤한 기색
～際	～ぎわ	① ～근처, ～가, ～곁 ▶ 壁際(かべぎわ) 벽 근처 窓際(まどぎわ) 창가 ② ～할 때 ▶ 帰(かえ)り際(ぎわ) 돌아가려는 때 別(わか)れ際(ぎわ) 헤어질 때
～切れ	～ぎれ	～가 다한 상태, 소진된 상태 ▶ 期限切(きげんぎ)れ 기한 만료 在庫切(ざいこぎ)れ 재고 소진
～権	～けん	～권 ▶ 決定権(けっていけん) 결정권 投票権(とうひょうけん) 투표권
～号	～ごう	～호(순서), ～호(교통수단 이름) ▶ 3号(さんごう) 3호 ひかり号(ごう) 히카리호
～頃	～ごろ	～알맞은 때 ▶ 食(た)べ頃(ごろ) 먹기 좋을 때, 제철 見頃(みごろ) 보기 좋을 때
～式	～しき	～식(방식) ▶ 電動式(でんどうしき) 전동식 日本式(にほんしき) 일본식
～集	～しゅう	～집 ▶ 作品集(さくひんしゅう) 작품집 写真集(しゃしんしゅう) 사진집
～順	～じゅん	～순 ▶ アルファベット順(じゅん) 알파벳순 先着順(せんちゃくじゅん) 선착순 ひらがな順(じゅん) 히라가나순
～賞	～しょう	～상 ▶ アカデミー賞(しょう) 아카데미상 文学賞(ぶんがくしょう) 문학상
～場	～じょう	～장 ▶ 競技場(きょうぎじょう) 경기장 スキー場(じょう) 스키장
～状	～じょう	～장(문서), ～상(～상태) ▶ 招待状(しょうたいじょう) 초대장 クリーム状(じょう) 크림 상태
～色	～しょく	～색(정서, 분위기) ▶ 国際色(こくさいしょく) 국제색 地方色(ちほうしょく) 지방색

～心	～しん	～심 ▶ 自尊心(じそんしん) 자존심 対抗心(たいこうしん) 대항심
～性	～せい	～성(성질, 경향) ▶ 安全性(あんぜんせい) 안전성 危険性(きけんせい) 위험성
～制	～せい	～제(제도, 규칙) ▶ 予約制(よやくせい) 예약제 料金制(りょうきんせい) 요금제
～全般	～ぜんぱん	～전반(～의 모든 것) ▶ 音楽全般(おんがくぜんぱん) 음악 전반 生活全般(せいかつぜんぱん) 생활 전반
～沿い	～ぞい	～을 따라, ～와 나란한 ▶ 川沿い(かわぞい) 강가 線路沿い(せんろぞい) 선로 주변
～対～	～たい～	～대～ (득점, 비율) ▶ 2対1の得点(にたいいちのとくてん) 2대 1의 득점 3対2の割合(さんたいにのわりあい) 3대 2의 비율
～だらけ		～투성이 ▶ 泥だらけ(どろだらけ) 진흙 투성이 間違いだらけ(まちがいだらけ) 실수 투성이
～足らず	～たらず	～미만, ～남짓 ▶ 1キロ足らず(いちキロたらず) 1킬로 남짓 10分足らず(じゅっぷんたらず) 10분 미만
～団	～だん	～단(단체) ▶ 応援団(おうえんだん) 응원단 訪問団(ほうもんだん) 방문단
～賃	～ちん	～요금, ～비용 ▶ 電車賃(でんしゃちん) 전철 요금 家賃(やちん) 방세
～付き	～つき	～제공, ～첨부 ▶ 飲み物付き(のみものつき) 음료 제공 保証書付き(ほしょうしょつき) 보증서 첨부
～漬け	～づけ	～에만 열중함, ～에만 의존함 ▶ 薬漬け(くすりづけ) 약에만 의존함 勉強漬け(べんきょうづけ) 공부에만 열중함
～づらい		～하기 어렵다, ～하기 힘들다 ▶ 言いづらい(いいづらい) 말하기 어렵다 頼みづらい(たのみづらい) 부탁하기 어렵다
～連れ	～づれ	～동반 ▶ 親子連れ(おやこづれ) 부모 자식 동반 子供連れ(こどもづれ) 자녀 동반
～発	～はつ	～발(출발) ▶ 9時発(くじはつ) 9시 출발 東京発(とうきょうはつ) 동경발
～離れ	～ばなれ	～에서 동떨어짐 ▶ 現実離れ(げんじつばなれ) 현실에서 동떨어짐 政治離れ(せいじばなれ) 정치에 무관심함
～風	～ふう	～풍, ～분위기 ▶ ビジネスマン風(ふう) 비즈니스맨풍 和風(わふう) 일본풍
～別	～べつ	～별 ▶ 学年別(がくねんべつ) 학년별 地域別(ちいきべつ) 지역별

～向け	～むけ	**～대상, ～용** ▶ 子供向け(こどもむ) 아동용 初心者向け(しょしんしゃむ) 초보자용
～率	～りつ	**～율/률** ▶ 就職率(しゅうしょくりつ) 취업률 成功率(せいこうりつ) 성공률 投票率(とうひょうりつ) 투표율
～流	～りゅう	**～류(특유의 방식, 특성)** ▶ 自己流(じこりゅう) 자기방식 日本流(にほんりゅう) 일본식
～力	～りょく	**～력, ～하는 힘** ▶ 財力(ざいりょく) 재력 集中力(しゅうちゅうりょく) 집중력 視力(しりょく) 시력
～類	～るい	**～류(종류)** ▶ 家具類(かぐるい) 가구류 食器類(しょっきるい) 식기류

相次ぐ	あいつぐ	잇따르다, 연달다 事故が相次いで起こる。 사고가 연달아 발생하다.
扇ぐ	あおぐ	부채질하다 うちわで扇ぐ。 부채로 부채질하다.
あきれる		어처구니없다, 어이없다 あきれてものも言えない。 어처구니가 없어서 말도 안 나온다.
揚げる	あげる	(기름에) 튀기다 天ぷらを揚げる。 튀김을 튀기다.
憧れる	あこがれる	동경하다 都会生活に憧れる。 도시 생활을 동경하다.
焦る	あせる	초조해하다, (마음) 졸이다 焦って失敗する。 초조해서 실수하다.
当たる	あたる	① 맞다, 부딪히다 ボールが顔に当たる。 공에 얼굴을 맞다. ② 적중하다 天気予報が当たる。 일기 예보가 적중하다.
当てはまる	あてはまる	들어맞다, 적합하다 条件に当てはまる。 조건에 들어맞다.
当てる	あてる	① 마주 대다, 맞추다 ボールにバットを当てる。 공에 배트를 맞추다. ② 적중시키다, 맞히다 答えを当てる。 답을 맞히다.
暴れる	あばれる	날뛰다, 난동을 부리다 酒に酔って暴れる。 술에 취해 난동을 부리다.

あぶる		**(불에 살짝) 굽다** 海苔(のり)をあぶる。 김을 굽다.
甘やかす	あまやかす	**응석을 받아주다, 버릇없이 기르다** 子(こ)を甘(あま)やかすとよくない。 아이를 버릇없이 기르면 좋지 않다.
誤る	あやまる	**잘못하다, 실수하다** 機械(きかい)の操作(そうさ)を誤(あやま)る。 기계 조작을 실수하다.
争う	あらそう	**싸우다, 다투다** 隣(となり)の国(くに)と領土問題(りょうどもんだい)で争(あらそ)う。 이웃 나라와 영토 문제로 싸우다.
改める	あらためる	**고치다, 개정하다** 悪(わる)い点(てん)を改(あらた)める。 나쁜 점을 고치다.
表す	あらわす	**(생각, 감정을) 나타내다, 표현하다** 感謝(かんしゃ)の気持(きも)ちを表(あらわ)す。 감사의 마음을 나타내다.
現す	あらわす	**(모습, 현상을) 나타내다, 드러내다** 主役(しゅやく)が舞台(ぶたい)に姿(すがた)を現(あらわ)した。 주인공이 무대에 모습을 드러냈다.
表れる	あらわれる	**(생각, 감정이) 나타나다** 喜(よろこ)びが顔(かお)に表(あらわ)れる。 기쁨이 얼굴에 나타나다.
現れる	あらわれる	**(모습, 현상이) 나타나다** 雨上(あめあ)がりの空(そら)に虹(にじ)が現(あらわ)れた。 비가 갠 하늘에 무지개가 나타났다.
荒れる	あれる	**거칠어지다** 海(うみ)が荒(あ)れる。 바다가 거칠어지다.
言い付ける	いいつける	**① 지시하다** 予約(よやく)を取(と)るように言(い)い付(つ)ける。 예약을 하도록 지시하다. **② 고자질하다** 母親(ははおや)に弟(おとうと)のいたずらを言(い)い付(つ)ける。 어머니에게 남동생의 장난을 고자질하다.

동사

生かす **活かす** いかす
살리다, 활용하다
経験(けいけん)を生(い)かす。 경험을 살리다.

いじる
만지작거리다
彼女(かのじょ)は前髪(まえがみ)をいじる癖(くせ)がある。
그녀는 앞머리를 만지작거리는 버릇이 있다.

抱く いだく
(생각, 의문 등을) 품다
調査(ちょうさ)の結果(けっか)に疑問(ぎもん)を抱(いだ)く。 조사 결과에 의문을 품다.

傷む いたむ
상하다, 부패하다
夏(なつ)は食(た)べ物(もの)が傷(いた)みやすい。
여름에는 음식이 상하기 쉽다.

至る いたる
(어떠한 장소, 시간, 상태에) 도달하다, 이르다
会議(かいぎ)は深夜(しんや)に至(いた)るまで続(つづ)いた。
회의는 심야에 이를 때까지 계속되었다.

威張る いばる
뽐내다, 으스대다, 잘난 체 하다
部下(ぶか)に威張(いば)る。 부하에게 잘난 체 하다.

祝う いわう
축하하다
入学(にゅうがく)を祝(いわ)う。 입학을 축하하다.

飢える うえる
굶주리다
親(おや)の愛情(あいじょう)に飢(う)える。 부모의 애정에 굶주리다.

浮かぶ うかぶ
뜨다, 떠오르다
雲(くも)が浮(う)かぶ。 구름이 뜨다.

受け入れる うけいれる
받아들이다
相手(あいて)の提案(ていあん)を受(う)け入(い)れる。 상대방의 제안을 받아들이다.

承る うけたまわる
받다, 듣다(受ける, 聞く의 겸손)
ご意見(いけん)を承(うけたまわ)る。 의견을 듣다.

失う うしなう
잃다
自信(じしん)を失(うしな)う。 자신감을 잃다.

薄める うすめる

묽게 하다, 엷게 하다, 희석하다

ウイスキーを水(みず)で薄(うす)める。 위스키를 물로 희석하다.

打ち明ける うちあける

털어놓다

悩(なや)みを打(う)ち明(あ)ける。 고민을 털어놓다.

打ち消す うちけす

부정하다

世間(せけん)のうわさを打(う)ち消(け)す。 세간의 소문을 부정하다.

撃つ うつ

쏘다, 발사하다, 사격하다

鉄砲(てっぽう)を撃(う)つ。 총을 쏘다.

訴える うったえる

호소하다, 소송하다

世論(よろん)に訴(うった)える。 여론에 호소하다.

うつむく

고개 숙이다

うつむいて何(なに)か考(かんが)えている。
고개 숙여 무엇인가 생각하고 있다.

映る うつる

① 비치다

山(やま)が水面(すいめん)に映(うつ)る。 산이 수면에 비치다.

② 상영되다, (화면에) 나오다

テレビがよく映(うつ)らない。 텔레비전이 잘 나오지 않는다.

うなずく

수긍하다, 고개를 끄덕이다

うなずきながら話(はなし)を聞(き)く。
고개를 끄덕이며 이야기를 듣다.

奪う うばう

빼앗다

自由(じゆう)を奪(うば)う。 자유를 빼앗다.

埋まる うまる

묻히다, 메워지다

町(まち)が雪(ゆき)に埋(う)まる。 마을이 눈에 묻히다.

生み出す うみだす

만들어 내다, 창출해 내다

利益(りえき)を生(う)み出(だ)す。 이익을 창출해 내다.

동사

埋める	うめる	**묻다, 메우다** 穴(あな)を埋(う)める。 구멍을 메우다.
敬う	うやまう	**공경하다, 존경하다** 老人(ろうじん)を敬(うやま)う。 노인을 공경하다.
裏返す	うらがえす	**뒤집다** トランプを裏返(うらがえ)して見(み)る。 트럼프 카드를 뒤집어서 보다.
裏切る	うらぎる	**배반하다, 배신하다** 友人(ゆうじん)を裏切(うらぎ)る。 친구를 배신하다.
占う	うらなう	**점치다** 運命(うんめい)を占(うらな)う。 운명을 점치다.
恨む	うらむ	**원망하다** 冷(つめ)たい態度(たいど)を恨(うら)む。 냉담한 태도를 원망하다.
うらやむ		**부러워하다** 合格(ごうかく)した友人(ゆうじん)をうらやむ。 합격한 친구를 부러워하다.
描く	えがく	**그리다, 묘사하다** 人間(にんげん)の心理(しんり)を描(えが)いた小説(しょうせつ)。 인간의 심리를 그린 소설.
得る	える	**얻다, 획득하다** 利益(りえき)を得(え)る。 이익을 얻다.
演じる	えんじる	**연기하다** 平凡(へいぼん)なサラリーマンの役(やく)を演(えん)じる。 평범한 샐러리맨 역을 연기하다.
追いかける	おいかける	**뒤좇다** 流行(りゅうこう)を追(お)いかける。 유행을 뒤좇다.
追い抜く	おいぬく	**추월하다** ゴール間際(まぎわ)で追(お)い抜(ぬ)く。 결승선 직전에서 추월하다.

応じる	おうじる	**응하다, 대응하다** 相談に応じる。 상담에 응하다.
覆う	おおう	**덮다, 뒤덮다** 庭が雑草に覆われている。 정원이 잡초에 덮여 있다.
侵す	おかす	**침범하다, 침해하다** 国境を侵す。 국경을 침범하다.
拝む	おがむ	**빌다, 경배하다, 숭배하다** 神を拝む。 신을 숭배하다.
補う	おぎなう	**보충하다, 보완하다** 努力で欠点を補う。 노력으로 결점을 보완하다.
贈る	おくる	**주다, 선물하다** 誕生日に花束を贈る。 생일에 꽃다발을 선물하다.
納める	おさめる	**납부하다** 授業料を納める。 수업료를 납부하다.
収める	おさめる	**수확하다, 거두다** よい成績を収める。 좋은 성적을 거두다.
治める	おさめる	**통치하다, 다스리다** 国を治める。 나라를 다스리다.
押し通す	おしとおす	**밀고 나가다, 관철시키다** 自分の意見を押し通す。 자신의 의견을 관철시키다.
惜しむ	おしむ	**아끼다, 아쉬워하다** 別れを惜しむ。 이별을 아쉬워하다.
恐れる	おそれる	**두려워하다** 失敗を恐れる。 실패를 두려워하다.
教わる	おそわる	**배우다** 山田先生に英語を教わる。 야마다 선생님에게 영어를 배우다.

落ち込む おちこむ

낙담하다

恋人(こいびと)に振(ふ)られて落(お)ち込(こ)んでいる。

애인에게 차여 낙담하고 있다.

脅かす おどかす

① 위협하다, 협박하다

人(ひと)を脅(おど)かして金(かね)を奪(うば)う。

사람을 위협해서 돈을 빼앗다.

② 놀래키다

急(きゅう)に声(こえ)を上(あ)げて脅(おど)かす。

갑자기 소리를 질러 놀래키다.

訪れる おとずれる

찾아오다, 방문하다

春(はる)が訪(おとず)れる。 봄이 찾아오다.

劣る おとる

뒤떨어지다

性能(せいのう)が劣(おと)る。 성능이 뒤떨어지다.

衰える おとろえる

쇠약해지다

年(とし)を取(と)ると体力(たいりょく)が衰(おとろ)える。

나이를 먹으면 체력이 쇠약해진다.

脅かす おびやかす

위협하다, 위태롭게 하다

インフレが家計(かけい)を脅(おびや)かす。

인플레이션이 가계를 위협하다.

おぼれる

물에 빠지다, 익사하다

おぼれている子(こ)を助(たす)ける。 물에 빠진 아이를 구조하다.

お目にかかる おめにかかる

만나뵙다(会う의 겸손)

お目(め)にかかれてうれしいです。

만나뵙게 되어 기쁩니다.

お目にかける おめにかける

보여 드리다

作品(さくひん)をお目(め)にかける。 작품을 보여 드리다.

思い切る	おもいきる	① 단념하다, 포기하다 大学進学を思い切る。 대학 진학을 단념하다. ② 결심하다, 결단하다, 각오하다 思い切って計画を実行する。 결심하고 계획을 실행하다.
思い込む	おもいこむ	굳게 믿다, 그렇게 생각해 버리다 自分が正しいと思い込んでいる。 자신이 옳다고 믿고 있다.
思いつく	おもいつく	떠올리다, 생각해 내다, 기억해 내다 いい考えを思いつく。 좋은 생각을 떠올리다.
思える	おもえる	생각되다, 느껴지다 彼が謝罪するとは思えない。 그가 사죄하리라고는 생각되지 않는다.
買い占める	かいしめる	매점하다, 독점적으로 사들이다 投資目的で商品を買い占める。 투자 목적으로 상품을 사들이다.
抱える	かかえる	안다, 감싸다 頭を抱えて考え込む。 머리를 감싸고 골똘히 생각하다.
欠かす	かかす	빠뜨리다, 거르다 父は朝の運動を欠かさない。 아버지는 아침 운동을 거르지 않는다.
かかわる		관계되다 農業にかかわる仕事がしたい。 농업과 관계되는 일을 하고 싶다.
かき混ぜる	かきまぜる	뒤섞다, 휘젓다 コーヒーに砂糖を入れてかき混ぜる。 커피에 설탕을 넣고 휘젓다.
限る	かぎる	국한하다, 한정하다 特売品は50個に限られている。 특가품은 50개로 한정되어 있다.

동사

掻く かく

① 긁다

かゆいところを掻(か)く。 가려운 곳을 긁다.

② 땀을 흘리다(보통 히라가나로 표기)

汗(あせ)をかく。 땀을 흘리다.

嗅ぐ かぐ

냄새 맡다

においを嗅(か)ぐ。 냄새를 맡다.

欠ける かける

빠지다, 탈락하다, 부족하다

常識(じょうしき)に欠(か)ける。 상식이 부족하다.

貸し出す かしだす

대출하다

図書(としょ)を貸(か)し出(だ)す。 도서를 대출하다.

かじる

갉아 먹다, 베어 먹다

りんごをかじって食(た)べる。 사과를 베어 먹다.

固まる かたまる

굳어지다, 단단해지다

砂糖(さとう)が固(かた)まる。 설탕이 굳어지다.

傾く かたむく

기울다

地震(じしん)で家(いえ)が傾(かたむ)く。 지진으로 집이 기울다.

固める かためる

굳히다

画家(がか)になる決意(けつい)を固(かた)める。 화가가 될 결심을 굳히다.

偏る かたよる

치우치다, 쏠리다

栄養(えいよう)が偏(かたよ)る。 영양이 치우치다.

語る かたる

말하다

自分(じぶん)の考(かんが)えを人(ひと)に語(かた)る。
자신의 생각을 다른 사람에게 말하다.

担ぐ かつぐ

메다, 짊어지다

肩(かた)に荷物(にもつ)を担(かつ)ぐ。 어깨에 짐을 짊어지다.

叶う かなう

이루어지다

願(ねが)いがかなう。 소원이 이루어지다.

兼ねる かねる

겸하다

趣味と実益を兼ねる。 취미와 실익을 겸하다.

かばう

감싸다, 편들다

部下をかばう。 부하를 감싸다.

かぶせる

씌우다

帽子をかぶせる。 모자를 씌우다.

構う かまう

신경 쓰다, 상관하다, 상대하다, 돌보다

人の話に構っている暇がない。
남의 얘기에 신경 쓸 틈이 없다.

からかう

조롱하다, 놀리다

弟をからかう。 남동생을 놀리다.

絡まる からまる

엉키다, 휘감기다

釣り糸が絡まってしまう。 낚싯줄이 엉켜 버리다.

刈る かる

베다

草を刈る。 풀을 베다.

かわいがる

귀여워하다

犬をかわいがる。 개를 귀여워하다.

考え込む かんがえこむ

골똘히 생각하다

真剣な顔で何か考え込んでいる。
진지한 얼굴로 무엇인가 골똘히 생각하고 있다.

着替える きがえる

갈아입다

普段着に着替える。 평상복으로 갈아입다.

聞き返す ききかえす

되묻다, 다시 묻다, 다시 듣다

分からない点を聞き返した。
이해가 안 되는 점을 되물었다.

着せる きせる

입히다

赤ちゃんに服を着せる。 아기에게 옷을 입히다.

동사

競う きそう

겨루다, 경쟁하다, 경합하다

市長選(しちょうせん)は2氏(にし)が激(はげ)しく競(きそ)っている。

시장 선거는 두 사람이 치열하게 경합하고 있다.

嫌う きらう

싫어하다

勉強(べんきょう)を嫌(きら)う。 공부를 싫어하다.

切れる きれる

끊어지다

糸(いと)が切(き)れる。 실이 끊어지다.

禁じる きんじる

금지하다

喫煙(きつえん)を禁(きん)じる。 흡연을 금지하다.

食う くう

먹다

飯(めし)を食(く)う。 밥을 먹다.

崩す くずす

무너뜨리다, 허물다

古(ふる)い塀(へい)を崩(くず)す。 낡은 담을 허물다.

崩れる くずれる

무너지다

大雨(おおあめ)で山(やま)が崩(くず)れる。 큰비로 산이 무너지다.

砕く くだく

부수다, 깨뜨리다

氷(こおり)を小(ちい)さく砕(くだ)く。 얼음을 잘게 부수다.

くっつく

달라붙다, 들러붙다

子供(こども)が親(おや)にくっついて離(はな)れない。

아이가 부모에게 달라붙어 떨어지지 않는다.

くっつける

붙이다

紙(かみ)と紙(かみ)をのりでくっつける。

종이와 종이를 풀로 붙이다.

配る くばる

나누다, 분배하다

チラシを配(くば)る。 광고지를 나눠주다.

組み立てる くみたてる

조립하다

部品(ぶひん)を組(く)み立(た)てる。 부품을 조립하다.

悔やむ くやむ

후회하다

失敗(しっぱい)を悔(く)やむ。 실패를 후회하다.

暮らす くらす

살다, 생활하다

一人(ひとり)で暮(く)らす。 혼자서 살다.

くり返す くりかえす

반복하다

同(おな)じ質問(しつもん)をくり返(かえ)す。 같은 질문을 반복하다.

狂う くるう

① 미치다

狂(くる)ったように泣(な)く。 미친 듯이 울다.

② 어긋나다, 잘못되다

計画(けいかく)が狂(くる)う。 계획이 어긋나다.

苦しめる くるしめる

괴롭히다

不眠症(ふみんしょう)に苦(くる)しめられて体(からだ)を壊(こわ)す。
불면증에 시달려 건강을 해치다.

くるむ

감싸다, 휘감아 싸다

赤(あか)ちゃんをバスタオルでくるむ。
아기를 목욕 수건으로 감싸다.

くわえる

입에 물다

口(くち)にくわえる。 입에 물다.

削る けずる

깎다, 삭감하다

鉛筆(えんぴつ)を削(けず)る。 연필을 깎다.

超える こえる

넘다, 지나다, 초과하다

損害(そんがい)は１億円(いちおくえん)を超(こ)える。 손해는 1억 엔을 넘는다.

凍る こおる

얼다

池(いけ)の水(みず)が凍(こお)る。 연못의 물이 얼다.

漕ぐ こぐ

발을 구르다, 밟다

自転車(じてんしゃ)のペダルを漕(こ)ぐ。 자전거의 페달을 밟다.

焦げる	こげる	**타다, 눌러붙다** この餅(もち)は少(すこ)し焦(こ)げている。 이 떡은 조금 탔다.
凍える	こごえる	**추위로 몸의 감각이 없어지다, 곱다** 寒(さむ)さで手(て)が凍(こご)える。 추위로 손이 곱다.
試みる	こころみる	**시도하다, 시험해 보다** 新(あたら)しいシステムの導入(どうにゅう)を試(こころ)みる。 새로운 시스템의 도입을 시도하다.
腰掛ける	こしかける	**걸터앉다** ベンチに腰掛(こしか)ける。 벤치에 걸터앉다.
こする		**비비다** 眠(ねむ)い目(め)をこする。 졸린 눈을 비비다.
異なる	ことなる	**다르다, 같지 않다** 報告(ほうこく)が事実(じじつ)と異(こと)なる。 보고가 사실과 다르다.
こぼす		**흘리다, 엎지르다** コーヒーをこぼす。 커피를 엎지르다.
こぼれる		**흘러넘치다, 엎질러지다** コップの水(みず)がこぼれる。 컵의 물이 흘러넘치다.
込める	こめる	**담다** 愛情(あいじょう)を込(こ)めて手紙(てがみ)を書(か)く。 애정을 담아 편지를 쓰다.
堪える	こらえる	**참다, 견디다** 涙(なみだ)を堪(こら)えながら話(はな)す。 눈물을 참으며 이야기하다.
さかのぼる		**거슬러 오르다** ボートで川(かわ)をさかのぼる。 보트로 강을 거슬러 오르다.
逆らう	さからう	**거역하다, 거스르다** 時代(じだい)の流(なが)れに逆(さか)らう。 시대의 흐름을 거스르다.
探る	さぐる	**찾다, 살피다** 相手(あいて)の本心(ほんしん)を探(さぐ)る。 상대의 본심을 살피다.

支える	ささえる	**떠받치다, 유지하다, 지원하다** 長男が生計を支えている。 장남이 생계를 유지하고 있다.
ささやく		**속삭이다** 相手の耳にささやく。 상대의 귀에 속삭이다.
差し支える	さしつかえる	**지장을 주다** 工事の騒音が授業に差し支える。 공사 소음이 수업에 지장을 준다.
差し引く	さしひく	**빼다, 공제하다, 차감하다** 月給から税金を差し引く。 월급에서 세금을 공제하다.
指す	さす	**가리키다** ほしい品物を指で指す。 갖고 싶은 물건을 손가락으로 가리키다.
誘う	さそう	**권유하다, 유혹하다** 食事に誘う。 식사하자고 권유하다.
定まる	さだまる	**정해지다, 결정되다** 会社の方針が定まる。 회사의 방침이 결정되다.
定める	さだめる	**정하다** 合格者の基準を定める。 합격자의 기준을 정하다.
錆びる	さびる	**녹슬다** 包丁が錆びて切れない。 부엌칼이 녹슬어 썰리지 않는다.
妨げる	さまたげる	**방해하다** 眠りを妨げる。 잠을 방해하다.
仕上がる	しあがる	**완성되다, 마무리되다** 作品が仕上がる。 작품이 완성되다.
仕上げる	しあげる	**완성하다, 마무리하다** レポートを仕上げる。 보고서를 마무리하다.

敷く　しく

깔다, 펴다

布団(ふとん)を敷(し)く。 이불을 깔다.

茂る　しげる

우거지다, 무성하다

草(くさ)が茂(しげ)る。 풀이 무성하다.

従う　したがう

따르다, 좇다

命令(めいれい)に従(したが)う。 명령에 따르다.

しびれる

저리다, 마비되다

足(あし)がしびれて立(た)てない。 다리가 저려서 일어날 수 없다.

しぼむ

시들다, 위축되다

花(はな)がしぼむ。 꽃이 시들다.

絞る　しぼる

좁히다, 줄이다

要点(ようてん)を絞(しぼ)って発表(はっぴょう)する。 요점을 줄여서 발표하다.

染みる　しみる

① 번지다, 스며들다

味(あじ)が染(し)みる。 맛이 스며들다.

② 절실히 느끼다, 사무치다

親切(しんせつ)が身(み)に染(し)みる。 친절이 가슴에 사무친다.

締め切る　しめきる

마감하다

願書(がんしょ)は今度(こんど)の金曜日(きんようび)で締(し)め切(き)る。
원서는 이번 금요일에 마감한다.

湿る　しめる

습기 차다, 축축하다

洗濯物(せんたくもの)がまだ湿(しめ)っている。 빨래가 아직 축축하다.

占める　しめる

차지하다, 점유하다

全体生産量(ぜんたいせいさんりょう)の3割(さんわり)を占(し)める。
전체 생산량의 3%를 차지하다.

しゃぶる

빨다, 핥다

飴(あめ)をしゃぶる。 사탕을 빨다.

生じる しょうじる

생기다, 발생하다

火災(かさい)によって損害(そんがい)が生(しょう)じる。

화재에 의해 손해가 발생하다.

透き通る すきとおる

투명하다, 비쳐 보이다, 맑다

川(かわ)の底(そこ)まで透(す)き通(とお)っている。 강 바닥까지 비쳐 보이다.

救う すくう

구하다, 살리다

人命(じんめい)を救(すく)う。 인명을 구하다.

優れる すぐれる

뛰어나다, 우수하다

彼(かれ)は語学(ごがく)に優(すぐ)れている。 그는 어학에 뛰어나다.

捨てる すてる

버리다

要(い)らないものを捨(す)てる。 필요 없는 물건을 버리다.

済ます すます

끝내다, 마치다

食事(しょくじ)を済(す)ましてから出(で)かける。

식사를 마치고 나서 외출하다.

ずらす

(겹치지 않게 조금) 이동시키다, 비켜 놓다

テーブルの皿(さら)を横(よこ)へずらす。

테이블에 있는 접시를 옆으로 조금 옮기다.

すれ違う すれちがう

스쳐 지나다, 엇갈리다

列車(れっしゃ)と列車(れっしゃ)がすれ違(ちが)う。 열차와 열차가 스쳐 지나다.

背負う せおう

짊어지다

荷物(にもつ)を背負(せお)って歩(ある)く。 짐을 짊어지고 걷다.

接する せっする

접하다, 응대하다

人(ひと)に優(やさ)しく接(せっ)する。 타인에게 상냥하게 응대하다.

迫る せまる

① (시간, 공간이) 다가오다

締(し)め切(き)りが迫(せま)る。 마감이 다가오다.

② 강요하다, 재촉하다

返答(へんとう)を迫(せま)る。 대답을 재촉하다.

攻める	せめる	**공격하다** 敵を攻める。 적을 공격하다.
責める	せめる	**꾸짖다, 나무라다** 部下の失敗を責める。 부하의 실수를 꾸짖다.
属する	ぞくする	**속하다** 日本は漢字文化圏に属する。 일본은 한자문화권에 속한다.
備え付ける	そなえつける	**설치하다, 비치하다** 寮の部屋にはパソコンが備え付けてある。 기숙사 방에는 컴퓨터가 비치되어 있다.
備える	そなえる	**대비하다, 갖추다** 地震に備える。 지진에 대비하다.
剃る	そる	**깎다, 밀다** ひげを剃る。 수염을 깎다.
逸れる	それる	**빗나가다, 벗어나다, 빠지다** 話が横道に逸れる。 이야기가 옆길로 빠지다.
揃う	そろう	**갖추어지다, 모이다** データが揃う。 데이터가 갖추어지다.
揃える	そろえる	**갖추다, 모으다** 非常食を揃えて置く。 비상식량을 갖추어 두다.
対する	たいする	**대하다, 상대하다** にこやかに客に対する。 상냥하게 손님을 대하다.
倒す	たおす	**넘어뜨리다, 쓰러뜨리다** 木を倒す。 나무를 넘어뜨리다.
耕す	たがやす	**경작하다, 일구다, 갈다** 畑を耕して種をまく。 밭을 경작하여 씨를 뿌리다.

炊く	たく	**밥을 짓다** ご飯を炊く。 밥을 짓다.
蓄える	たくわえる	**저축하다, 비축하다, 쌓다, 기르다** 食糧を蓄える。 식량을 비축하다.
尋ねる	たずねる	**묻다, 질문하다** 駅へ行く道を尋ねる。 역으로 가는 길을 묻다.
達する	たっする	**달하다, 도달하다** 目的地に達する。 목적지에 도달하다.
立て替える	たてかえる	**대신 지불하다** 会費を立て替える。 회비를 대신 지불하다.
例える	たとえる	**비유하다, 빗대다** 人生を旅に例える。 인생을 여행에 비유하다.
束ねる	たばねる	**묶다** 古新聞を束ねる。 헌 신문을 묶다.
ダブる		**겹치다, 중복되다** 字がダブって見える。 글자가 겹쳐 보인다.
試す	ためす	**시험하다** 自分の力を試す。 자신의 힘을 시험하다.
ためらう		**망설이다, 주저하다** はっきりした返事をためらう。 확실한 대답을 주저하다.
保つ	たもつ	**유지하다** 若さを保つ。 젊음을 유지하다.
頼る	たよる	**의지하다** 親に頼りすぎて自立できない。 부모에게 너무 의지하여 자립할 수 없다.

誓う	ちかう	**맹세하다, 서약하다** 二人(ふたり)は永遠(えいえん)の愛(あい)を誓(ちか)った。 두 사람은 영원한 사랑을 맹세했다.
近寄る	ちかよる	**접근하다, 다가가다** 近寄(ちかよ)ってよく見(み)る。 다가가서 잘 살펴보다.
契る	ちぎる	**굳게 약속하다, 결혼을 약속하다** 友人(ゆうじん)と契(ちぎ)ったことを果(は)たす。 친구와 굳게 약속한 것을 이루어내다.
千切る	ちぎる	**잘게 찢다, 잡아 뜯다** パンを千切(ちぎ)って食(た)べる。 빵을 뜯어 먹다.
縮む	ちぢむ	**줄어들다, 쭈글쭈글해지다, 곱슬거리다** ズボンが縮(ちぢ)む。 바지가 줄어들다.
縮める	ちぢめる	**줄이다, 축소시키다, 단축시키다** 得点差(とくてんさ)を１点(いってん)に縮(ちぢ)める。 득점차를 1점으로 줄이다.
縮れる	ちぢれる	**주름지다, 곱슬거리다, 오그라들다** 髪(かみ)の毛(け)が縮(ちぢ)れる。 머리카락이 곱슬거리다.
散らかす	ちらかす	**어지르다, 흩어 놓다, 흐트러뜨리다** 部屋(へや)を散(ち)らかす。 방을 어지르다.
散らかる	ちらかる	**어질러지다, 흩어지다** テーブルの上(うえ)が散(ち)らかっている。 탁자 위가 어질러져 있다.
散らす	ちらす	**흐트러뜨리다, 흩뿌리다** 風(かぜ)が花(はな)びらを散(ち)らす。 바람이 꽃잎을 흐트러뜨리다.
ついている		**운이 좋다** 今日(きょう)はとてもついていた。 오늘은 매우 운이 좋았다.
通じる	つうじる	**통하다** 気持(きも)ちが通(つう)じる。 마음이 통하다.

突き当たる	つきあたる	**부딪치다, 마주치다, 충돌하다** バイクが電柱(でんちゅう)に突(つ)き当(あ)たる。 오토바이가 전봇대에 부딪치다.
尽きる	つきる	**다하다, 떨어지다, 바닥나다** 体力(たいりょく)が尽(つ)きる。 체력이 떨어지다.
就く	つく	**지위에 오르다, 취임하다, 취업하다** 重役(じゅうやく)のポストに就(つ)く。 중역의 자리에 취임하다.
次ぐ	つぐ	**뒤따르다, 잇따르다** 地震(じしん)に次(つ)いで津波(つなみ)が起(お)こる。 지진에 잇따라 해일이 일어나다.
作り出す	つくりだす	**만들어 내다** 製品(せいひん)を作(つく)り出(だ)す。 제품을 만들어 내다.
造る	つくる	**(집이나 배 등을) 만들다** 船(ふね)を造(つく)る。 배를 만들다.
突っ込む	つっこむ	**① 돌진하다** ゴールに突(つ)っ込(こ)む。 골을 향해 돌진하다. **② 마구 집어넣다, 처넣다** 本(ほん)をかばんに突(つ)っ込(こ)む。 책을 가방에 마구 집어넣다.
包む	つつむ	**싸다, 포장하다** プレゼントを包(つつ)む。 선물을 포장하다.
努める	つとめる	**노력하다, 힘쓰다** 安全運転(あんぜんうんてん)に努(つと)める。 안전 운전에 힘쓰다.
務める	つとめる	**(임무, 역할을) 맡다** 主役(しゅやく)を務(つと)める。 주역을 맡다.
つながる		**연결되다, 이어지다** 電話(でんわ)がつながる。 전화가 연결되다.

つなげる

연결하다, 잇다

紐をつなげて長くする。 끈을 연결하여 길게 만들다.

つねる

꼬집다

ほおをつねってみる。 볼을 꼬집어 보다.

つぶす

찌그러뜨리다, 부수다, 망가뜨리다

空き缶をつぶす。 빈 깡통을 찌그러뜨리다.

つまずく

발이 걸려 넘어지다, 좌절하다

石につまずいて転ぶ。 돌에 걸려 넘어지다.

詰まる つまる

가득 차다, 막히다

本棚には本が詰まっている。
책장에는 책이 가득 차 있다.

積む つむ

쌓다, 모으다

車に荷物を積む。 차에 짐을 쌓다.

詰める つめる

(가득) 채우다, 채워 넣다

箱に服を詰める。 상자에 옷을 가득 채우다.

積もる つもる

쌓이다

雪が積もる。 눈이 쌓이다.

釣り合う つりあう

어울리다, 균형 잡히다

収入と支出が釣り合う。 수입과 지출이 균형 잡히다.

吊る つる

매달다, 매다

ちょうちんを吊る。 초롱을 매달다.

吊るす つるす

매달다, 걸다

洋服をハンガーに吊るす。 양복을 옷걸이에 걸다.

適する てきする

적합하다, 알맞다

体力に適した運動をする。 체력에 적합한 운동을 하다.

出くわす	でくわす	**우연히 만나다, 마주치다, 맞닥뜨리다** 駅で昔の友達と出くわした。 역에서 옛 친구와 우연히 만났다.
照らす	てらす	**비추다** ライトで舞台を照らす。 조명으로 무대를 비추다.
照る	てる	**밝게 비치다, (날씨가) 개다** 日が照っている。 해가 밝게 비치고 있다.
問い合わせる	といあわせる	**문의하다, 조회하다** 電話で会議の日程を問い合わせる。 전화로 회의 일정을 문의하다.
問いかける	といかける	**물어보다, 질문을 던지다, 제기하다** 社会に環境問題を問いかける。 사회에 환경문제를 제기하다.
通す	とおす	**통과시키다, 꿰다, 꿰뚫다** 針に糸を通す。 바늘에 실을 꿰다.
通りかかる	とおりかかる	**우연히 지나가다** 通りかかった人に助けられる。 우연히 지나가던 사람에게 도움을 받다.
溶かす	とかす	**녹이다, 개다, 풀다** 砂糖を水に溶かす。 설탕을 물에 녹이다.
尖る	とがる	**뾰족하다, 날카롭다, 날이 서다** 針の先は鋭く尖っている。 바늘 끝은 날카롭게 뾰족하다.
解く	とく	**풀다** 難しい問題を解く。 어려운 문제를 풀다.
溶く	とく	**풀다, 물에 타다, 개다** 小麦粉を水で溶く。 밀가루를 물에 풀다.
どく		**물러나다, 비키다** ちょっとどいてください。 조금 비켜 주세요.

溶け込む とけこむ

① **용해되다, 섞이다**

塩分が溶け込む。 염분이 용해되다.

② **동화되다, 녹아들다**

新しい職場に溶け込む。 새로운 직장에 동화되다.

解ける とける

풀리다, 풀어지다, 해제되다

なぞが解ける。 수수께끼가 풀리다.

どける

치우다, 다른 곳으로 옮기다

その荷物をどけてください。 그 짐을 치워 주세요.

整う ととのう

갖추어지다, 정돈되다

準備が整う。 준비가 갖추어지다.

整える ととのえる

갖추다, 정돈하다

服装を整える。 복장을 갖추다.

とどまる

머물다

当分東京にとどまるつもりだ。

당분간 도쿄에 머물 생각이다.

飛び散る とびちる

사방에 흩날리다, 튀다

料理中に小麦粉が飛び散ってしまった。

요리 도중에 밀가루가 사방에 튀었다.

飛びつく とびつく

달려들다, 덤벼들다

もうけ話にすぐ飛びつく。

돈벌이 이야기에 바로 달려들다.

伴う ともなう

따르다, 동반하다

この仕事には危険が伴う。 이 일에는 위험이 따른다.

とらえる

잡다, 파악하다

チャンスをとらえる。 기회를 잡다.

取り上げる とりあげる

채택하다, 거론하다

部下の案を取り上げる。 부하의 의견을 채택하다.

取り入れる とりいれる

① **도입하다, 수용하다**

外国の文化を取り入れる。 외국의 문화를 도입하다.

② **거두어들이다, 수확하다**

洗濯物を取り入れる。 빨래를 거두어들이다.

とりかかる

착수하다, 시작하다

すぐに仕事にとりかかります。
바로 일에 착수하겠습니다.

取り組む とりくむ

몰두하다

真剣に研究に取り組む。 진지하게 연구에 몰두하다.

取り付ける とりつける

설치하다

クーラーを取り付ける。 에어컨을 설치하다.

長引く ながびく

오래 걸리다, 길어지다

会議が長引く。 회의가 길어지다.

眺める ながめる

바라보다, 응시하다

窓から夜景を眺める。 창으로 야경을 바라보다.

なでる

쓰다듬다

頭をなでる。 머리를 쓰다듬다.

慰める なぐさめる

위로하다

落ち込んでいる友人を慰める。
낙담하고 있는 친구를 위로하다.

殴る なぐる

때리다

相手を殴る。 상대를 때리다.

怠ける なまける

게으름 피우다, 게을리하다

仕事を怠ける。 일을 게을리하다.

成る なる

구성되다, 이루어지다

この国は多民族から成る。
이 나라는 다민족으로 구성된다.

煮える にえる
익다, 삶아지다, 끓다
豆(まめ)が煮(に)える。 콩이 익다.

におう
냄새가 나다
ガスがにおう。 가스 냄새가 나다.

逃がす にがす
① 놓아주다
小鳥(ことり)をかごから逃(に)がす。 작은 새를 새장에서 놓아주다.
② 놓치다
犯人(はんにん)を逃(に)がす。 범인을 놓치다.

握り締める にぎりしめる
움켜쥐다, 꽉 쥐다
母親(ははおや)の手(て)を握(にぎ)り締(し)める。 어머니의 손을 꽉 쥐다.

憎む にくむ
미워하다, 싫어하다
人(ひと)を憎(にく)む。 사람을 미워하다.

濁る にごる
탁해지다
川(かわ)の水(みず)が濁(にご)る。 강물이 탁해지다.

縫う ぬう
꿰매다, 바느질하다
布(ぬの)を縫(ぬ)って服(ふく)を作(つく)る。 옷감을 바느질하여 옷을 만들다.

ねじる
비틀다, 틀다, 돌리다
水道(すいどう)の栓(せん)をねじる。 수도꼭지를 비틀다.

熱する ねっする
뜨겁게 하다, 가열하다
鉄(てつ)を熱(ねっ)する。 철을 가열하다.

狙う ねらう
노리다, 목표로 하다
優勝(ゆうしょう)を狙(ねら)う。 우승을 노리다.

逃す のがす
놓치다
チャンスを逃(のが)す。 기회를 놓치다.

除く のぞく
제외하다, 제거하다
不良品(ふりょうひん)を除(のぞ)く。 불량품을 제거하다.

단어	읽기	뜻 / 예문
望む	のぞむ	**바라다, 희망하다** 子の幸せを望む。 아이의 행복을 바라다.
述べる	のべる	**말하다, 서술하다** 意見を述べる。 의견을 말하다.
昇る	のぼる	**오르다, (해, 달이) 뜨다** 日が昇る。 해가 뜨다.
乗り過ごす	のりすごす	**내릴 곳을 지나치다** うっかりして一駅乗り過ごす。 깜빡해서 한 정거장을 지나치다.
乗り継ぐ	のりつぐ	**갈아타다, 환승하다** バスから電車に乗り継ぐ。 버스에서 전철로 갈아타다.
剥がす	はがす	**(부착된 것을) 벗기다, 떼어내다** ポスターを剥がす。 포스터를 떼어내다.
吐く	はく	**구토하다, 뱉다** 酒に酔って吐く。 술에 취해 토하다.
はげる		**벗겨지다** 壁のペンキがはげる。 벽의 페인트가 벗겨지다.
挟まる	はさまる	**끼다, 끼이다** 電車のドアにかばんが挟まる。 전철 문에 가방이 끼이다.
挟む	はさむ	**끼다, 끼우다** パンにハムを挟む。 빵에 햄을 끼우다.
外す	はずす	**떼어내다, 벗다, 제외하다** めがねを外す。 안경을 벗다.
弾む	はずむ	**① 튀다** このボールはよく弾む。 이 공은 잘 튄다. **② 들뜨다, 활기를 띠다** 会話が弾む。 대화가 활기를 띠다.

外れる はずれる
빠지다, 떨어지다, 빗나가다, 제외되다
ボタンが外れる。 단추가 떨어지다.

果たす はたす
다하다, 완수하다, 해내다
任務を果たす。 임무를 완수하다.

罰する ばっする
벌하다, 처벌하다
法律によって罰する。 법률에 따라 처벌하다.

話し込む はなしこむ
이야기에 열중하다
時を忘れて話し込む。
시간 가는 줄도 모르고 이야기에 열중하다.

放す はなす
풀어놓다, 놓아주다
牛を牧場に放す。 소를 목장에 풀어놓다.

離れる はなれる
떨어지다, 벗어나다
親と離れて生活する。 부모와 떨어져 생활하다.

跳ねる はねる
뛰어오르다, 튀다
ボールが跳ねる。 공이 튀다.

省く はぶく
생략하다, 없애다, 줄이다
詳しい説明を省く。 자세한 설명을 생략하다.

はめる
끼다, 끼워 넣다
手袋をはめる。 장갑을 끼다.

流行る はやる
유행하다
インフルエンザが流行っている。
독감이 유행하고 있다.

払い込む はらいこむ
불입하다, 납입하다
税金を払い込む。 세금을 납입하다.

腹を立てる はらをたてる
화를 내다
子供のいたずらに腹を立てる。
아이의 장난에 화를 내다.

張り切る	はりきる	**의욕이 넘치다** 仕事に張り切る。 일에 의욕이 넘치다.
張る	はる	**① 넓게 펼쳐지다, 뻗어 나가다** 根が張る。 뿌리가 뻗어 나가다. **② 넓게 펼치다** テントを張る。 텐트를 펼치다.
腫れる	はれる	**붓다, 부어오르다** 顔が腫れている。 얼굴이 부어 있다.
引き返す	ひきかえす	**(원래 장소로) 되돌아가다, 되돌리다** 途中で引き返す。 도중에 방향을 되돌리다.
引き止める	ひきとめる	**만류하다, 제지하다, 말리다** 辞任を引き止める。 사임을 만류하다.
引っかかる	ひっかかる	**걸리다, 찜찜하다** 彼の言葉が妙に引っかかる。 그의 말이 묘하게 찜찜하다.
ひっくり返す	ひっくりかえす	**뒤집다, 뒤엎다** 決定をひっくり返す。 결정을 뒤집다.
ひっくり返る	ひっくりかえる	**뒤집히다, 엎어지다** ボートがひっくり返る。 보트가 뒤집히다.
引っ込む	ひっこむ	**틀어박히다** 自分の部屋に引っ込む。 자기 방에 틀어박히다.
引っ張る	ひっぱる	**이끌다, 당기다** ロープを引っ張る。 로프를 당기다.
ひねる		**돌리다, 비틀다** スイッチをひねる。 스위치를 돌리다.
響く	ひびく	**(소리가) 울리다, 울려 퍼지다** 鐘の音が響く。 종소리가 울리다.

동사

拾う	ひろう	**줍다** 公園のごみを拾う。 공원의 쓰레기를 줍다.
広める	ひろめる	**넓히다** 知識を広める。 지식을 넓히다.
含む	ふくむ	**포함하다, 함유하다, 머금다** 料金にはサービス料が含まれる。 요금에는 서비스료가 포함된다.
含める	ふくめる	**포함하다, 포함시키다** 手数料を含めて請求する。 수수료를 포함하여 청구하다.
膨らます	ふくらます	**부풀리다, 부풀게 하다** 風船を膨らます。 풍선을 부풀리다.
膨らむ	ふくらむ	**부풀다, 부풀어 오르다, 팽창하다** 予算が膨らむ。 예산이 부풀다.
更ける	ふける	**(계절, 밤이) 깊어지다** 夜が更ける。 밤이 깊어지다.
塞がる	ふさがる	**막히다, 차다, 닫히다** 工事のトラックで道が塞がっている。 공사 트럭으로 길이 막혀 있다.
塞ぐ	ふさぐ	**막다, 닫다** 入口を塞ぐ。 입구를 막다.
ふざける		**장난치다** 子供たちがふざけてうるさい。 아이들이 장난을 쳐서 시끄럽다.
ぶら下がる	ぶらさがる	**늘어지다, 매달리다** 天井から電灯がぶら下がっている。 천정에 전등이 매달려 있다.
ぶら下げる	ぶらさげる	**늘어뜨리다, 매달다, (손에) 들다** 紙袋をぶら下げて歩く。 종이봉투를 들고 걷다.

振り向く ふりむく

뒤돌아보다

後ろを振り向く。 뒤를 돌아보다.

振る舞う ふるまう

① 행동하다

明るく振る舞う。 밝게 행동하다.

② 대접하다

客に料理を振る舞う。 손님에게 요리를 대접하다.

触れ合う ふれあう

서로 맞닿다, 가까이 하다

自然と触れ合う時間を作る。
자연과 가까이 하는 시간을 만들다.

触れる ふれる

① 닿다, 접하다

外国の文化に触れる。 외국 문화를 접하다.

② 손대다, 손으로 만지다

花に手を触れる。 꽃을 손으로 만지다.

へこむ

(움푹) 들어가다, 패이다

車体が大きくへこんだ。 차체가 크게 움푹 패였다.

隔たる へだたる

거리가 떨어지다, 멀어지다

家は学校から遠く隔たっている。
집은 학교에서 멀리 떨어져 있다.

隔てる へだてる

거리를 두다, 사이에 두다

道を隔てて向かい合う。 길을 사이에 두고 서로 마주보다.

吠える ほえる

짖다, 으르렁거리다

犬が吠える。 개가 짖다.

放る ほうる

던지다, 내던지다, 내팽개치다

ボールを空高く放る。 공을 하늘 높이 던지다.

掘る ほる

파다, 파내다, 캐다

庭を掘って木を植える。 정원을 파서 나무를 심다.

任せる まかせる

맡기다

仕事を部下に任せる。 일을 부하에게 맡기다.

まく		뿌리다, 살포하다 庭(にわ)に水(みず)をまく。 뜰에 물을 뿌리다.
混ざる 交ざる	まざる	섞이다 酒(さけ)に水(みず)が混(ま)ざる。 술에 물이 섞이다.
混じる	まじる	섞이다 酒(さけ)に水(みず)が混(ま)じる。 술에 물이 섞이다.
増す	ます	늘어나다, 많아지다 人口(じんこう)が増(ま)す。 인구가 늘어나다.
混ぜる 交ぜる	まぜる	섞다, 혼합하다 紅茶(こうちゃ)にミルクを混(ま)ぜる。 홍차에 우유를 섞다.
祭る	まつる	제사 지내다, 섬기다 先祖(せんぞ)を祭(まつ)る。 조상의 제사를 지내다.
まとまる		정리되다, 한데 모이다 みんなの意見(いけん)がまとまる。 모두의 의견이 한데 모이다.
まとめる		정리하다, 종합하다 レポートをまとめる。 보고서를 정리하다.
招く	まねく	부르다, 초대하다 パーティーに友達(ともだち)を招(まね)く。 파티에 친구를 초대하다.
真似る	まねる	흉내내다, 모방하다 話(はな)し方(かた)を真似(まね)る。 말투를 흉내내다.
迷う	まよう	헤매다, 길을 잃다, 망설이다 道(みち)に迷(まよ)う。 길을 헤매다.
見かける	みかける	눈에 띄다, (언뜻) 보다 あの人(ひと)はよく駅(えき)で見(み)かける。 그 사람은 역에서 자주 눈에 띈다.

단어	읽기	뜻 / 예문
乱れる	みだれる	**흐트러지다, 혼란스러워지다** 風(かぜ)で髪(かみ)が乱(みだ)れる。 바람으로 머리카락이 흐트러지다.
導く	みちびく	**이끌다, 인도하다** 客(きゃく)を応接間(おうせつま)に導(みちび)く。 손님을 응접실로 인도하다.
満ちる	みちる	**가득 차다** 確信(かくしん)に満(み)ちる。 확신에 가득 차다.
見つめる	みつめる	**응시하다, 주시하다, 직시하다** 現実(げんじつ)を見(み)つめる。 현실을 직시하다.
認める	みとめる	**인정하다** 負(ま)けを認(みと)める。 패배를 인정하다.
見直す	みなおす	**다시 살펴보다, 재검토하다** 計画(けいかく)を見直(みなお)す。 계획을 재검토하다.
見習う	みならう	**본받다** 先輩(せんぱい)を見習(みなら)ってがんばる。 선배를 본받아 노력하다.
見慣れる	みなれる	**보아서 익숙하다, 낯익다** 見慣(みな)れない人(ひと)が立(た)っている。 낯선 사람이 서 있다.
身につける	みにつける	**터득하다, 익히다** フランス語(ご)を身(み)につける。 프랑스어를 익히다.
見逃す	みのがす	**① 간과하다, 놓치다** わずかな失敗(しっぱい)も見逃(みのが)さない。 사소한 실수도 놓치지 않는다. **② 눈감아 주다, 봐주다** 駐車違反(ちゅうしゃいはん)を見逃(みのが)す。 주차 위반을 눈감아 주다.
実る	みのる	**열매 맺다, 결실을 맺다, 성과를 거두다** 長年(ながねん)の苦労(くろう)が実(みの)る。 오랜 고생이 결실을 맺다.
診る	みる	**(환자를) 보다, 진찰하다** 医者(いしゃ)に診(み)てもらう。 의사에게 진찰을 받다.

向かう	むかう	**향하다** 目標に向かって進む。 목표를 향해 나아가다.
むかつく		**① 메스껍다, 울렁거리다** 船酔いで胸がむかつく。 뱃멀미로 속이 울렁거린다. **② 화가 치밀다** 顔を見るだけでむかつく。 얼굴을 보는 것만으로도 화가 난다.
剥く	むく	**벗기다, 까다** りんごの皮を剥く。 사과 껍질을 벗기다.
向ける	むける	**향하다, (방향으로) 돌리다** 顔を向ける。 얼굴을 향하다.
命じる	めいじる	**명하다, 명령하다** 転勤を命じる。 전근을 명하다.
恵まれる	めぐまれる	**혜택을 받다, 풍족하다** 資源に恵まれる。 자원이 풍족하다.
めくる		**넘기다** カレンダーをめくる。 달력을 넘기다.
めぐる		**① 돌다** 季節がめぐって春を迎える。 계절이 돌아서 봄을 맞이하다. **② 둘러싸다, 관련하다** 遺産をめぐって兄弟が争っている。 유산을 둘러싸고 형제가 다투고 있다.
目指す	めざす	**목표로 하다, 노리다** 金メダルを目指す。 금메달을 목표로 하다.
面する	めんする	**향하다, 마주하다** 大通りに面してビルが建ち並んでいる。 대로를 향해 빌딩이 늘어서 있다.

儲かる	もうかる	**벌이가 되다, 돈을 벌다, 득을 보다** 株(かぶ)で儲(もう)かる。 주식으로 돈을 벌다.
儲ける	もうける	**돈을 벌다, 이익을 얻다** 莫大(ばくだい)な金(かね)を儲(もう)ける。 막대한 돈을 벌다.
燃える	もえる	**불타다** 火事(かじ)で家(いえ)が燃(も)える。 화재로 집이 불타다.
潜る	もぐる	**잠수하다, 숨어들다** 海(うみ)に潜(もぐ)る。 바다에 잠수하다.
もたれる		**기대다, 의지하다** 壁(かべ)にもたれる。 벽에 기대다.
持ち上げる	もちあげる	**들어 올리다, 치켜세우다** 荷物(にもつ)を持(も)ち上(あ)げる。 짐을 들어 올리다.
用いる	もちいる	**쓰다, 사용하다, 이용하다** 新(あたら)しい方法(ほうほう)を用(もち)いる。 새로운 방법을 이용하다.
基づく	もとづく	**기초를 두다, 근거하다** 規則(きそく)に基(もと)づいて処理(しょり)する。 규칙에 근거해 처리하다.
求める	もとめる	**요구하다, 구하다, 바라다** 謝罪(しゃざい)を求(もと)める。 사죄를 요구하다.
揉む	もむ	**비비다, 주무르다** 肩(かた)を揉(も)む。 어깨를 주무르다.
盛り上がる	もりあがる	**분위기가 고조되다** 世論(よろん)が盛(も)り上(あ)がる。 여론이 고조되다.
盛り上げる	もりあげる	**분위기를 고조시키다** 雰囲気(ふんいき)を盛(も)り上(あ)げる。 분위기를 고조시키다.
盛る	もる	**담다** 皿(さら)に料理(りょうり)を盛(も)る。 접시에 요리를 담다.

漏れる	もれる	**새다, 누설되다** ガスが漏れる。 가스가 새다.
養う	やしなう	**양육하다, 부양하다, 기르다** 妻子を養う。 처자식을 부양하다.
休まる	やすまる	**편안해지다, 피로가 풀리다** 気が休まる。 마음이 편안해지다.
やっつける		**해치우다, 혼내주다** たまった仕事をやっつける。 쌓인 일을 해치우다.
やって来る	やってくる	**찾아오다, 다가오다** 彼がやって来た。 그가 찾아왔다.
雇う	やとう	**고용하다** 人を雇う。 사람을 고용하다.
敗れる	やぶれる	**지다, 패배하다** 試合に敗れる。 시합에 지다.
譲る	ゆずる	**양보하다** お年寄りに席を譲る。 노인에게 자리를 양보하다.
止す	よす	**그만두다, 멈추다, 중지하다** 騒ぐのは止しなさい。 떠드는 일은 그만하렴.
寄せる	よせる	**다가오다, 가까이 대다, 가까이 붙이다** 机を隅に寄せる。 책상을 구석에 붙이다.
呼びかける	よびかける	**호소하다** 住民に協力を呼びかける。 주민에게 협력을 호소하다.
呼び止める	よびとめる	**불러 세우다** 見知らぬ人に呼び止められる。 낯선 사람이 불러 세우다.
略する ⊜ 省く 생략하다	りゃくする	**줄이다, 생략하다** 詳しい説明は略する。 자세한 설명은 생략하겠다.

동사

詫びる	わびる	**사과하다, 사죄하다** 自分の過ちを詫びる。 자신의 잘못을 사과하다.
割り込む	わりこむ	**끼어들다** 列に割り込む。 줄에 끼어들다.

温かい	あたたかい	**따뜻하다** 温(あたた)かいご飯(はん)。 따뜻한 밥.
厚かましい ⊜ずうずうしい	あつかましい	**뻔뻔스럽다** 厚(あつ)かましい人(ひと)。 뻔뻔스러운 사람.
危うい ⊜危(あぶ)ない	あやうい	**위험하다, 위태롭다** 生命(せいめい)が危(あや)うい。 생명이 위태롭다.
怪しい	あやしい	**수상하다** 怪(あや)しい男(おとこ)を発見(はっけん)する。 수상한 남자를 발견하다.
荒い	あらい	**거칠다, 거세다** 波(なみ)が荒(あら)い。 파도가 거칠다.
淡い	あわい	**엷다, 흐리다, 희미하다** 淡(あわ)いピンクの花(はな)が咲(さ)いている。 연분홍색 꽃이 피어 있다.
慌ただしい	あわただしい	**분주하다, 어수선하다** 慌(あわ)ただしい一日(いちにち)を送(おく)る。 분주한 하루를 보내다.
勇ましい	いさましい	**용맹스럽다, 씩씩하다** 勇(いさ)ましく行進(こうしん)する。 씩씩하게 행진하다.
著しい	いちじるしい	**뚜렷하다, 두드러지다, 현저하다** 技術(ぎじゅつ)が著(いちじる)しく進歩(しんぽ)する。 기술이 현저하게 진보하다.
偉い	えらい	**① 훌륭하다** 偉(えら)い人(ひと)になりたい。 훌륭한 사람이 되고 싶다. **② 지위가 높다** 部長(ぶちょう)は課長(かちょう)より偉(えら)い。 부장은 과장보다 지위가 높다.
幼い	おさない	**어리다, 유치하다** 私(わたし)の子供(こども)はまだ幼(おさな)い。 우리 아이는 아직 어리다.

惜しい ㊀ もったいない	おしい	**아깝다** 時間が惜しい。 시간이 아깝다.
思いがけない	おもいがけない	**뜻밖이다, 의외이다** 思いがけない人が訪ねてきた。 뜻밖의 사람이 찾아왔다.
輝かしい	かがやかしい	**빛나다, 눈이 부시다** 輝かしい業績を残す。 빛나는 업적을 남기다.
賢い ㊀ 利口な 영리한	かしこい	**영리하다** 犬は賢い動物だ。 개는 영리한 동물이다.
規則正しい	きそくただしい	**규칙적이다** 規則正しく並べる。 규칙적으로 늘어놓다.
清い	きよい	**맑다** 川の清い流れを見る。 강의 맑은 흐름을 보다.
興味深い	きょうみぶかい	**무척 흥미롭다** それは興味深い話だ。 그것은 흥미로운 이야기이다.
くだらない		**시시하다, 하찮다** くだらない本を読んでいる。 시시한 책을 읽고 있다.
くどい		**장황하다** 話がくどくなる。 이야기가 장황해지다.
煙い	けむい	**눈이 따갑다, 맵다** たばこの煙が煙い。 담배 연기로 눈이 따갑다.
煙たい	けむたい	**① 눈이 따갑다, 맵다** タバコの煙が煙たい。 담배 연기로 눈이 따갑다. **② 부담스럽다, 거북하다** 部下にとって、上司は煙たい存在だ。 부하에게 있어 상사는 부담스러운 존재이다.

険しい	けわしい	**험하다** 険(けわ)しい山道(やまみち)を歩(ある)く。 험한 산길을 걷다.
濃い	こい	**진하다** 濃(こ)いお茶(ちゃ)を飲(の)む。 진한 차를 마시다.
心強い	こころづよい	**든든하다** 君(きみ)がいてくれれば心強(こころづよ)い。 네가 있어 준다면 든든하다.
心細い	こころぼそい	**불안하다, 쓸쓸하다** 夜(よる)、一人(ひとり)で出(で)かけるのは心細(こころぼそ)い。 밤에 혼자서 나가는 것은 불안하다.
快い	こころよい	**기분 좋다, 상쾌하다, 흔쾌하다** 仕事(しごと)を快(こころよ)く引(ひ)き受(う)ける。 일을 흔쾌히 받아들이다.
騒がしい ⊜ 騒々(そうぞう)しい 떠들썩하다	さわがしい	**소란스럽다, 시끄럽다, 어수선하다** 教室(きょうしつ)が騒(さわ)がしい。 교실이 소란스럽다.
仕方がない ⊜ しょうがない, やむを得(え)ない	しかたがない	**어쩔 수 없다, 방법이 없다** そうするしか仕方(しかた)がない。 그렇게 하는 수밖에 방법이 없다.
湿っぽい	しめっぽい	**눅눅하다, 축축하다** 雨(あめ)が降(ふ)り続(つづ)いて家(いえ)の中(なか)が湿(しめ)っぽい。 비가 계속 내려서 집안이 눅눅하다.
しょうがない ⊜ 仕方(しかた)がない, やむを得(え)ない		**어쩔 수 없다, 다른 방법이 없다** 遅(おく)れてもしょうがない。 늦어도 어쩔 수 없다.
しょっぱい		**짜다** みそ汁(しる)がしょっぱい。 된장국이 짜다.
白々しい	しらじらしい	**속이 빤히 보이다, 천연덕스럽다** 白々(しらじら)しいうそをつく。 속이 빤한 거짓말을 하다.
ずうずうしい ⊜ 厚(あつ)かましい		**뻔뻔스럽다** 彼(かれ)は常識(じょうしき)のない、ずうずうしい人(ひと)だ。 그는 상식이 없는, 뻔뻔스러운 사람이다.

酸っぱい すっぱい

시다, 시큼하다

酸っぱい味がする。 시큼한 맛이 나다.

ずるい

약삭빠르다, 치사하다, 간사하다

ずるい事をする。 약삭빠르게 행동하다.

鋭い するどい

날카롭다

鋭い質問をする。 날카로운 질문을 하다.

騒々しい そうぞうしい

⊜ 騒がしい 소란스럽다

떠들썩하다, 시끄럽다, 어수선하다

教室が騒々しい。 교실이 시끄럽다.

そそっかしい

경솔하다, 덜렁거리다

そそっかしくて忘れ物が多い。

덜렁거려서 물건을 자주 잃어버린다.

たくましい

늠름하다, 강인하다, 건장하다

たくましい精神力。 강인한 정신력.

頼もしい たのもしい

믿음직하다, 듬직하다

頼もしい青年に成長する。 믿음직한 청년으로 성장하다.

たまらない

견딜 수 없다, 참을 수 없다

こんなに暑くてはたまらない。

이렇게 더워서는 견딜 수가 없다.

だらしない

야무지지 못하다, 단정하지 못하다

服装がだらしない。 복장이 단정하지 못하다.

力強い ちからづよい

힘차다, 든든하다

彼の演説は力強い。 그의 연설은 힘차다.

つらい

괴롭다, 힘들다

練習がつらい。 연습이 힘들다.

乏しい とぼしい

부족하다, 모자라다, 가난하다

経験に乏しい。 경험이 부족하다.

憎い	にくい	**밉다** 犯人が憎い。 범인이 밉다.
憎らしい	にくらしい	**얄밉다** 言い方が憎らしい。 말투가 얄밉다.
鈍い	にぶい	**무디다, 둔하다, 느리다** 動作が鈍い。 동작이 둔하다.
望ましい	のぞましい	**바람직하다** 研修は全員参加が望ましい。 연수는 전원 참가가 바람직하다.
のろい		**느리다, 둔하다** 仕事がのろい。 일이 느리다.
馬鹿らしい	ばからしい	**어리석다, 어처구니가 없다** 馬鹿らしくて話にならない。 어처구니가 없어서 얘기할 가치도 없다.
激しい	はげしい	**격렬하다** 激しく戦う。 격렬하게 싸우다.
甚だしい	はなはだしい	**심하다, 지나치다** 非常識も甚だしい。 몰상식하기도 지나치다.
幅広い	はばひろい	**폭넓다, 광범위하다** 幅広い支持を得る。 폭넓은 지지를 얻다.
等しい	ひとしい	**같다, 동일하다** 二つの線の長さは等しい。 두 개의 선의 길이는 동일하다.
相応しい	ふさわしい	**적당하다, 어울리다** それは紳士に相応しくない行為だ。 그것은 신사에게 어울리지 않는 행위이다.
真っ白い	まっしろい	**새하얗다** 洗濯して真っ白くなる。 세탁을 해서 새하얗게 되다.

みっともない

㊌ 見苦しい, しょうがない

보기 흉하다, 꼴불견이다

みっともない姿は見せたくない。

보기 흉한 모습은 보여 주고 싶지 않다.

めでたい

경사스럽다, 기쁘다, 축하할 만하다

めでたく希望の学校に合格した。

기쁘게도 희망하는 학교에 합격했다.

ものすごい

굉장하다, 무섭다

足がものすごく痛い。 다리가 굉장히 아프다.

物足りない ものたりない

어딘가 부족하다, 조금 불만스럽다

食事の量が少なくて物足りない。

식사의 양이 적어서 조금 불만스럽다.

やかましい

시끄럽다, 떠들썩하다

工事の音がやかましい。 공사하는 소리가 시끄럽다.

やむを得ない やむをえない

㊌ 仕方がない, しょうがない

어쩔 수 없다

やむを得ない事情で欠席する。

어쩔 수 없는 사정으로 결석하다.

用心深い ようじんぶかい

조심성이 많다, 조심스럽다

用心深く行動する。 조심스럽게 행동하다.

あいまいな		**애매한, 분명하지 않은** 説明にあいまいな点がある。 설명에 애매한 점이 있다.
明らかな	あきらかな	**명백한** 失敗の責任を明らかにする。 실패의 책임을 명백히 하다.
鮮やかな	あざやかな	**선명한, 뚜렷한** 鮮やかな色のドレスを着る。 선명한 색상의 드레스를 입다.
圧倒的な	あっとうてきな	**압도적인** 賛成が圧倒的に多い。 찬성이 압도적으로 많다.
新たな	あらたな	**새로운** 新たな問題が発生する。 새로운 문제가 발생하다.
哀れな	あわれな	**불쌍한, 가련한** 彼は哀れな人生を送った。 그는 불쌍한 인생을 살았다.
安易な	あんいな	**안이한** 人生を安易に考える。 인생을 안이하게 생각하다.
いい加減な	いいかげんな	**① 적당한, 알맞은** 冗談もいい加減にしなさい。 농담도 적당히 하세요. **② 무책임한** 彼はいい加減な人だ。 그는 무책임한 사람이다.
偉大な	いだいな	**위대한** 偉大な業績を残す。 위대한 업적을 남기다.
一方的な	いっぽうてきな	**일방적인** 一方的に非難する。 일방적으로 비난하다.
永久な	えいきゅうな	**영구한, 영원한** 永久に平和を守る。 영구히 평화를 지키다.

大柄な おおがらな

몸집이 큰

大柄な男の人が現れた。 몸집이 큰 남자가 나타났다.

⊖ 小柄な 몸집이 작은

大げさな おおげさな

과장된, 요란스러운

彼の話はいつも大げさだ。

그의 이야기는 언제나 과장되어 있다.

大幅な おおはばな

대폭적인

大幅に値上がりする。 대폭적으로 가격이 오르다.

臆病な おくびょうな

겁이 많은

弟は臆病な性質だ。 남동생은 겁이 많은 성격이다.

穏やかな おだやかな

온화한

穏やかな天気が続く。 온화한 날씨가 이어지다.

主な おもな

주된, 주요한

主なメンバーを紹介する。 주요 멤버를 소개하다.

温厚な おんこうな

온후한, 온화하고 덕이 많은

彼は優しくて温厚な人だ。

그는 상냥하고 온후한 사람이다.

温暖な おんだんな

온난한

この草は温暖な地方で育つ。

이 풀은 온난한 지방에서 자란다.

快適な かいてきな

쾌적한

快適な生活を送る。 쾌적한 생활을 보내다.

確実な かくじつな

확실한

あのチームの優勝は確実だ。

그 팀의 우승은 확실하다.

過剰な かじょうな

과잉된, 지나친

過剰な投資を避ける。 과잉 투자를 피하다.

かすかな

희미한, 어렴풋한

虫の音がかすかに聞こえる。

벌레 소리가 희미하게 들린다.

過大な	かだいな	**과대한, 지나친** 過大な要求をする。 지나친 요구를 하다.
勝手な ⊖ わがままな	かってな	**제멋대로인** 勝手なことを言うな。 제멋대로 지껄이지 마!
活発な	かっぱつな	**활발한** 活発な議論が行われる。 활발한 논의가 이루어지다.
可能な	かのうな	**가능한** これは実現可能な計画ではない。 이것은 실현 가능한 계획이 아니다.
簡潔な	かんけつな	**간결한** 要点を簡潔に述べる。 요점을 간결하게 말하다.
頑固な	がんこな	**완고한** 頑固な人の説得は難しい。 완고한 사람을 설득하는 것은 어렵다.
頑丈な	がんじょうな	**튼튼한** この建物は頑丈にできている。 이 건물은 튼튼하게 만들어져 있다.
肝心な	かんじんな	**중요한** 何よりも基本が肝心だ。 무엇보다도 기본이 중요하다.
気軽な	きがるな	**가벼운, 부담 없는** 気軽に引き受ける。 부담 없이 맡다.
貴重な	きちょうな	**귀중한** 貴重な情報を得る。 귀중한 정보를 얻다.
気の毒な	きのどくな	**가엾은, 딱한** 彼女が病気だとは、気の毒だ。 그녀가 병이라니 딱하다.
基本的な	きほんてきな	**기본적인** 基本的な権利を守る。 기본적인 권리를 지키다.

奇妙な	きみょうな	**기묘한** 奇妙な事件が起こる。 기묘한 사건이 일어나다.
客観的な	きゃっかんてきな	**객관적인** 客観的な意見を述べる。 객관적인 의견을 말하다.
急激な	きゅうげきな	**급격한** 人口が急激に増加する。 인구가 급격하게 증가하다.
器用な	きような	**손재주가 있는, 솜씨 좋은, 요령이 좋은** 彼は手先が器用だ。 그는 손재주가 뛰어나다.
強力な	きょうりょくな	**강력한** 改革を強力に進める。 개혁을 강력하게 진행하다.
極端な	きょくたんな	**극단적인** 極端なダイエットは体に悪い。 극단적인 다이어트는 몸에 해롭다.
巨大な	きょだいな	**거대한** 巨大なビルが建ち並んでいる。 거대한 빌딩이 늘어서 있다.
具体的な	ぐたいてきな	**구체적인** 具体的に指示する。 구체적으로 지시하다.
劇的な	げきてきな	**극적인** 手術後、劇的に回復した。 수술 후 극적으로 회복했다.
結構な	けっこうな	**괜찮은, 좋은, 훌륭한** 今日は結構な天気だ。 오늘은 날씨가 좋다.
謙虚な	けんきょな	**겸허한** 謙虚に反省する。 겸허히 반성하다.
堅実な	けんじつな	**견실한, 착실한** 堅実に生活する。 착실하게 생활하다.

厳重な	げんじゅうな	**엄중한** 厳重に注意する。 엄중하게 주의를 주다.
懸命な	けんめいな	**열심인, 필사적인** 懸命に努力する。 열심히 노력하다.
強引な	ごういんな	**억지스러운, 무리한** 強引に決めてしまう。 무리하게 결정해 버리다.
豪華な ⊜ 贅沢な 사치스러운	ごうかな	**호화스러운, 호화로운** 豪華な食事をする。 호화로운 식사를 하다.
好調な	こうちょうな	**상태가 좋은, 순조로운** 新商品の売上は好調だ。 신상품의 매출은 순조롭다.
公平な	こうへいな	**공평한** 公平に分ける。 공평하게 나누다.
合理的な	ごうりてきな	**합리적인** 低いコストで合理的に生産する。 낮은 비용으로 합리적으로 생산하다.
小柄な ⊖ 大柄な 몸집이 큰	こがらな	**몸집이 작은** 小柄な人向けの服を作る。 몸집이 작은 사람에게 맞는 옷을 만들다.
幸いな	さいわいな	**다행스러운** 幸いに被害は少なかった。 다행히 피해는 적었다.
様々な	さまざまな	**여러 가지, 다양한** 様々な方法がある。 다양한 방법이 있다.
爽やかな	さわやかな	**상쾌한, 산뜻한** 爽やかな空気を吸う。 상쾌한 공기를 들이마시다.
幸せな	しあわせな	**행복한** 幸せに暮らす。 행복하게 살다.

質素な	しっそな	**검소한** 質素に暮らす。 검소하게 생활하다.
実用的な	じつようてきな	**실용적인** 実用的なプレゼントを選ぶ。 실용적인 선물을 고르다.
地味な ⟷ 派手な 화려한	じみな	**수수한, 소박한** 地味な服装をする。 수수한 복장을 하다.
重大な	じゅうだいな	**중대한** 重大な誤りに気づく。 중대한 잘못을 깨닫다.
柔軟な	じゅうなんな	**유연한** 柔軟な態度で臨む。 유연한 태도로 임하다.
主要な	しゅような	**주요한, 중요한** 主要な点を強調する。 중요한 점을 강조하다.
純粋な	じゅんすいな	**순수한** 純粋な気持ちで忠告する。 순수한 마음으로 충고하다.
順調な	じゅんちょうな	**순조로운** 作業が順調に進む。 작업이 순조롭게 진행되다.
上等な	じょうとうな	**뛰어난, 훌륭한** ここまでできれば上等だ。 여기까지 되었으면 훌륭하다.
神経質な	しんけいしつな	**신경질적인** 神経質になり過ぎる。 너무 신경질적이 되다.
真剣な	しんけんな	**진지한** 真剣な表情で話を聞く。 진지한 표정으로 이야기를 듣다.
深刻な	しんこくな	**심각한** 深刻な顔で相談する。 심각한 얼굴로 상담하다.
慎重な	しんちょうな	**신중한** 慎重に検討する。 신중하게 검토하다.

清潔な せいけつな

청결한

子供(こども)に清潔(せいけつ)な衣服(いふく)を着(き)せる。

아이에게 청결한 의복을 입히다.

贅沢な ぜいたくな

㊀ 豪華(ごうか)な 호화스러운

사치스러운

贅沢(ぜいたく)な生活(せいかつ)をする。 사치스러운 생활을 하다.

積極的な せっきょくてきな

⊖ 消極的(しょうきょくてき)な 소극적인

적극적인

積極的(せっきょくてき)に発言(はつげん)する。 적극적으로 발언하다.

全般的な ぜんぱんてきな

전반적인

企業(きぎょう)の全般的(ぜんぱんてき)な情報(じょうほう)を集(あつ)める。

기업의 전반적인 정보를 모으다.

鮮明な せんめいな

선명한, 분명한

自分(じぶん)の主張(しゅちょう)を鮮明(せんめい)にする。 자신의 주장을 분명히 하다.

善良な ぜんりょうな

선량한

善良(ぜんりょう)な市民(しみん)の生活(せいかつ)を守(まも)る。 선량한 시민의 생활을 지키다.

率直な そっちょくな

솔직한

率直(そっちょく)な考(かんが)えを聞(き)かせてほしい。

솔직한 생각을 들려줬으면 한다.

素朴な そぼくな

소박한, 단순한

素朴(そぼく)な疑問(ぎもん)を抱(いだ)く。 소박한 의문을 품다.

粗末な そまつな

① 변변치 못한

粗末(そまつ)な服(ふく)を着(き)ている。 변변치 못한 옷을 입고 있다.

② 함부로 하는

食(た)べ物(もの)を粗末(そまつ)にするな。 음식을 함부로 하지 말아라.

退屈な たいくつな

지루한, 무료한, 따분한

退屈(たいくつ)であくびが出(で)る。 지루해서 하품이 난다.

平らな たいらな

평평한

地面(じめん)を平(たい)らにする。 지면을 평평하게 하다.

多彩な	たさいな	**다채로운** 小説家や画家として多彩な活動を行う。 소설가와 화가로서 다채로운 활동을 펼치다.
多大な	ただいな	**커다란, 막대한, 방대한** 多大な影響を受ける。 커다란 영향을 받다.
妥当な	だとうな	**타당한** 妥当な結論が出た。 타당한 결론이 나왔다.
抽象的な	ちゅうしょうてきな	**추상적인** この文章は抽象的で分かりにくい。 이 문장은 추상적이어서 이해하기 힘들다.
強気な ⊖ **弱気な** 연약한, 나약한	つよきな	**강경한, 배짱있는** 強気な発言をする。 강경한 발언을 하다.
手軽な	てがるな	**손쉬운, 간편한, 간단한** パソコンで年賀状を手軽に作る。 컴퓨터로 연하장을 손쉽게 만들다.
的確な	てきかくな	**정확한** 状況を的確に判断する。 상황을 정확하게 판단하다.
適切な	てきせつな	**적절한** 適切な指示をする。 적절한 지시를 하다.
適度な	てきどな	**적당한** 適度な運動をする。 적당한 운동을 하다.
でたらめな		**터무니없는, 엉터리 같은** でたらめなことを言う。 터무니없는 말을 하다.
徹底的な	てっていてきな	**철저한** 徹底的に調べる。 철저히 조사하다.
典型的な	てんけいてきな	**전형적인** 典型的な例を挙げて説明する。 전형적인 예를 들어 설명하다.

同一な	どういつな	**동일한** 両者(りょうしゃ)を同一(どういつ)に扱(あつか)う。 양쪽을 동일하게 취급하다.
透明な	とうめいな	**투명한** 湖(みずうみ)は透明(とうめい)で底(そこ)まで見(み)える。 호수는 투명해서 바닥까지 보인다.
得意な ↔ 苦手(にがて)な 서툰	とくいな	**자신 있는, 능숙한, 잘하는** 姉(あね)はピアノが得意(とくい)だ。 언니(누나)는 피아노를 잘 친다.
特殊な	とくしゅな	**특수한** この工事(こうじ)には特殊(とくしゅ)な技術(ぎじゅつ)が必要(ひつよう)だ。 이 공사에는 특수한 기술이 필요하다.
和やかな	なごやかな	**부드러운, 온화한** 和(なご)やかな雰囲気(ふんいき)で話(はな)し合(あ)う。 부드러운 분위기로 이야기를 나누다.
生意気な	なまいきな	**건방진, 주제 넘은** 生意気(なまいき)な口(くち)を利(き)く。 건방진 말을 하다.
苦手な	にがてな	**서투른, 잘하지 못하는** 数学(すうがく)は苦手(にがて)だ。 수학은 잘하지 못한다.
呑気な	のんきな	**태평한, 느긋한** 呑気(のんき)に暮(く)らす。 태평하게 살다.
莫大な	ばくだいな	**막대한** 被害(ひがい)は莫大(ばくだい)だ。 피해는 막대하다.
派手な ↔ 地味(じみ)な 수수한	はでな	**화려한** 服(ふく)に派手(はで)なリボンをつける。 옷에 화려한 리본을 달다.
卑怯な	ひきょうな	**비겁한** 高橋(たかはし)さんは、そんな卑怯(ひきょう)なやり方(かた)はしませんよ。 다카하시 씨는 그런 비겁한 방법은 하지 않아요.
非常識な	ひじょうしきな	**몰상식한** 非常識(ひじょうしき)な行動(こうどう)をする。 몰상식한 행동을 하다.

必死な ひっしな

필사적인, 열심인

合格(ごうかく)のために必死(ひっし)に勉強(べんきょう)する。

합격을 위해 필사적으로 공부하다.

微妙な びみょうな

미묘한

色(いろ)が微妙(びみょう)に違(ちが)う。 색이 미묘하게 다르다.

平等な びょうどうな

평등한

利益(りえき)を平等(びょうどう)に分配(ぶんぱい)する。 이익을 평등하게 분배하다.

敏感な びんかんな

민감한

敏感(びんかん)に反応(はんのう)する。 민감하게 반응하다.

無愛想な ぶあいそうな

무뚝뚝한, 상냥하지 못한

無愛想(ぶあいそう)な態度(たいど)をとる。 무뚝뚝한 태도를 취하다.

不安な ふあんな

불안한

将来(しょうらい)が不安(ふあん)だ。 장래가 불안하다.

不運な ふうんな

불운한, 불행한

不運(ふうん)な運命(うんめい)に見舞(みま)われる。 불운한 운명에 처하다.

ぶかぶかな

⊖だぶだぶ

헐렁헐렁한

ズボンがぶかぶかだ。 바지가 헐렁헐렁하다.

不規則な ふきそくな

불규칙한

勤務時間(きんむじかん)が不規則(ふきそく)になる。 근무 시간이 불규칙해지다.

不潔な ふけつな

불결한, 더러운

不潔(ふけつ)な服(ふく)を着(き)ている。 불결한 옷을 입고 있다.

不幸な ふこうな

불행한

不幸(ふこう)な人生(じんせい)を送(おく)る。 불행한 인생을 보내다.

不公平な ふこうへいな

불공평한

不公平(ふこうへい)な扱(あつか)いを受(う)ける。 불공평한 취급을 받다.

不思議な	ふしぎな	**신기한, 이상한** 空を飛ぶという不思議な夢を見た。 하늘을 나는 신기한 꿈을 꾸었다.
無事な	ぶじな	**무사한, 아무 탈 없는** 手術が無事に終わる。 수술이 무사히 끝나다.
不自由な	ふじゆうな	**부자유스러운, 불편한** 体の不自由な人を助ける。 몸이 불편한 사람을 돕다.
物騒な	ぶっそうな	**뒤숭숭한, 어수선한** 物騒な世の中になる。 뒤숭숭한 세상이 되다.
不得意な	ふとくいな	**서툰, 자신 없는** 不得意な学科は美術だ。 자신 없는 과목은 미술이다.
不慣れな	ふなれな	**익숙하지 않은, 낯설은, 서투른** 洋食の食べ方には不慣れだ。 양식 먹는 법에는 익숙하지 않다.
不愉快な ↔ 愉快な 유쾌한	ふゆかいな	**불쾌한** 不愉快な思いをする。 불쾌한 기분이 들다.
不利な ↔ 有利な 유리한	ふりな	**불리한** 不利な立場に立つ。 불리한 입장에 서다.
膨大な	ぼうだいな	**방대한, 막대한** 開発には膨大な費用が必要になる。 개발에는 방대한 비용이 필요해진다.
豊富な = 豊かな	ほうふな	**풍부한** 天然資源が豊富だ。 천연자원이 풍부하다.
朗らかな	ほがらかな	**명랑한, 쾌활한** 朗らかに笑う。 명랑하게 웃다.
稀な	まれな	**보기 드문, 희귀한** この地方では、雪は稀だ。 이 지방에서는 눈은 보기 드물다.

見事な	みごとな	**훌륭한, 멋진** 予想(よそう)が見事(みごと)に的中(てきちゅう)した。 예상이 멋지게 적중했다.
惨めな	みじめな	**비참한, 참혹한** 試合(しあい)に負(ま)けて惨(みじ)めな思(おも)いをする。 시합에 져서 비참한 기분이 들다.
密接な	みっせつな	**밀접한** 両国(りょうこく)は密接(みっせつ)な関係(かんけい)にある。 양국은 밀접한 관계에 있다.
妙な	みょうな	**묘한** このスープは妙(みょう)な味(あじ)がする。 이 스프는 묘한 맛이 난다.
無口な	むくちな	**과묵한** 彼(かれ)は無口(むくち)で感情(かんじょう)を表(おもて)に出(だ)さない。 그는 과묵해서 감정을 겉으로 드러내지 않는다.
無責任な	むせきにんな	**무책임한** 無責任(むせきにん)な発言(はつげん)をする。 무책임한 발언을 하다.
夢中な	むちゅうな	**집중하는, 열중하는, 몰두하는** ゲームに夢中(むちゅう)になる。 게임에 열중하다.
めちゃくちゃな		**엉망진창인, 형편없는** 部屋(へや)がめちゃくちゃになっている。 방이 엉망이 되어 있다.
面倒な	めんどうな	**번거로운, 귀찮은** 出(で)かけるのは面倒(めんどう)だ。 외출하는 것은 귀찮다.
厄介な	やっかいな	**귀찮은, 성가신** 厄介(やっかい)な問題(もんだい)が起(お)きた。 귀찮은 문제가 생겼다.
優秀な	ゆうしゅうな	**우수한** 優秀(ゆうしゅう)な成績(せいせき)で大学(だいがく)を卒業(そつぎょう)する。 우수한 성적으로 대학을 졸업하다.
有効な	ゆうこうな	**유효한, 유용한** 休暇(きゅうか)を有効(ゆうこう)に使(つか)う。 휴가를 유용하게 쓰다.

有能な ゆうのうな
유능한
有能な人材を育成する。 유능한 인재를 육성하다.

有利な ゆうりな
⊖ 不利な 불리한
유리한
有利な立場を確保する。 유리한 입장을 확보하다.

優良な ゆうりょうな
우수한, 뛰어난
優良な成績を収める。 우수한 성적을 거두다.

愉快な ゆかいな
⊖ 不愉快な 불쾌한
유쾌한
仲間と愉快に酒を飲む。 동료와 유쾌하게 술을 마시다.

豊かな ゆたかな
⊜ 豊富な
풍부한, 풍족한, 풍요로운
豊かな生活をする。 풍족한 생활을 하다.

容易な よういな
용이한, 쉬운
この問題を解くのは容易ではない。
이 문제를 푸는 것은 쉽지 않다.

陽気な ようきな
쾌활한
その店には陽気な音楽が流れていた。
그 가게에는 쾌활한 음악이 흐르고 있었다.

幼稚な ようちな
⊜ 幼い 어리다, 유치하다
유치한, 수준이 낮거나 미숙한
幼稚なことを言う。 유치한 말을 하다.

余計な よけいな
쓸데없는, 불필요한, 부질없는
余計なことをべらべらしゃべる。
쓸데없는 얘기를 조잘조잘 지껄이다.

弱気な よわきな
⊖ 強気な 강경한
연약한, 나약한
弱気な態度を取る。 나약한 태도를 취하다.

楽観的な らっかんてきな
낙관적인
事態を楽観的に考える。 사태를 낙관적으로 생각하다.

乱暴な らんぼうな
난폭한
ドアを乱暴に閉める。 문을 난폭하게 닫다.

利口な りこうな

영리한, 머리가 좋은

犬(いぬ)は利口(りこう)な動物(どうぶつ)だ。 개는 영리한 동물이다.

⊜ 賢(かしこ)い 영리하다

わがままな

제멋대로인

あの人(ひと)はわがままな性格(せいかく)で困(こま)る。

그 사람은 제멋대로인 성격이라서 곤란하다.

⊜ 勝手(かって)な

わずかな

근소한, 매우 적은

わずかな給料(きゅうりょう)で生活(せいかつ)する。

매우 적은 급료로 생활하다.

相次いで あいついで
연달아
事件が相次いで起こる。 사건이 연달아 일어나다.

あいにく
공교롭게도
店に行ったが、あいにく休みだった。
가게에 갔는데 공교롭게도 휴일이었다.

あくまで
끝까지, 철저하게
あくまで戦う。 끝까지 싸우겠다.

明くる あくる
다음, 오는 〈연체사〉
明くる日 다음 날
明くる朝 다음 날 아침
明くる４月５日に出発する。 오는 4월 5일에 출발한다.

あまりにも
너무, 너무나도
値段があまりにも高い。 가격이 너무 비싸다.

予め あらかじめ
미리
資料を予め準備しておく。 자료를 미리 준비해 두다.

改めて あらためて
⊜ もう一度
재차, 다시
改めて最初からやり直す。 다시 처음부터 새로 하다.

あらゆる
⊜ すべて
모든 〈연체사〉
あらゆる機会を利用する。 모든 기회를 이용하다.

案外 あんがい
의외로, 뜻밖에, 예상외로
心配していたが、テストは案外簡単だった。
걱정하고 있었는데 시험은 의외로 간단했다.

案の定 あんのじょう
⊜ はたして 역시
아니나 다를까, 예상했던 대로
結果は案の定だった。 결과는 예상했던 대로였다.

あんまり
⊜ あまり
별로, 그다지
運動はあんまり得意ではない。
운동은 그다지 잘하지 못한다.

生き生き いきいき

생기있게, 활기차게

生(い)き生(い)きとした表情(ひょうじょう)をする。 생기있는 표정을 짓다.

いきなり

갑자기

いきなり怒(おこ)り出(だ)す。 갑자기 화를 내기 시작하다.

いくぶん

⊜ 少(すこ)し

약간, 다소

いくぶん涼(すず)しくなった。 약간 시원해졌다.

いずれ

머지않아, 곧

いずれまたうかがいます。 곧 다시 찾아뵙겠습니다.

依然 いぜん

⊕ 依然(いぜん)として 여전히

여전히

問題(もんだい)は依然(いぜん)未解決(みかいけつ)のままだ。

문제는 여전히 미해결인 상태이다.

一応 いちおう

일단

一応(いちおう)、準備(じゅんび)はできた。 일단 준비는 되었다.

一段と いちだんと

한층, 더욱

一段(いちだん)と腕(うで)があがる。 한층 실력이 향상되다.

一気に いっきに

단숨에, 단번에

一気(いっき)に階段(かいだん)を駆(か)け上(あ)がる。 단숨에 계단을 뛰어오르다.

一斉に いっせいに

일제히, 한꺼번에, 동시에

一斉(いっせい)に出発(しゅっぱつ)する。 일제히 출발하다.

一層 いっそう

한층 더, 더욱, 한결

雨(あめ)が一層(いっそう)激(はげ)しくなった。 비가 더욱 거세졌다.

いったん

일단, 한번

いったんした約束(やくそく)は必(かなら)ず守(まも)る。

일단 한 약속은 반드시 지킨다.

いよいよ

⊜ とうとう, ついに, ようやく

드디어

いよいよ春(はる)になった。 드디어 봄이 되었다.

いらいら

안절부절못하는 모습, 초조해함

渋滞(じゅうたい)で車(くるま)が進(すす)まず、いらいらした。

정체로 차가 앞으로 나아가지 않아 초조했다.

言わば いわば

말하자면, 비유하건대, 이를테면

富士山(ふじさん)は言(い)わば日本(にほん)のシンボルだ。

후지산은 말하자면 일본의 상징이다.

いわゆる

이른바, 흔히 말하는, 소위

彼女(かのじょ)はいわゆる天才(てんさい)だ。 그녀는 소위 천재이다.

うかうか

부주의하게, 멍하게

もうすぐ受験(じゅけん)だから、うかうかしていられない。

이제 곧 수험이니까 멍하니 있을 수 없다.

うとうと

꾸벅꾸벅

うとうとと居眠(いねむ)りをする。 꾸벅꾸벅 앉아서 졸다.

うんと

⊜ 非常(ひじょう)に

아주, 몹시

前(まえ)よりうんと体重(たいじゅう)が減(へ)った。

전보다 몹시 체중이 줄었다.

遠慮なく えんりょなく

사양 말고, 거리낌 없이

遠慮(えんりょ)なく意見(いけん)を言(い)う。 거리낌 없이 의견을 말하다.

おおよそ

⊜ ほぼ, およそ

대강, 대충

おおよそ見当(けんとう)がつく。 대강 짐작이 간다.

おそらく

아마, 필시, 분명

午後(ごご)にはおそらく晴(は)れるだろう。

오후에는 아마 맑아질 것이다.

各々 おのおの

각각, 각자

各々(おのおの)意見(いけん)を述(の)べる。 각자 의견을 말하다.

思い切って おもいきって

과감하게

思(おも)い切(き)ってやってみよう。 과감하게 해 보자.

思い切り おもいきり

마음껏, 힘껏

思(おも)い切(き)り遊(あそ)ぶ。 마음껏 놀다.

およそ

⊖ おおよそ, ほぼ

대략, 대충

駅(えき)からおよそ20分(にじゅっぷん)かかる。 역에서 대략 20분 걸린다.

かえって

오히려, 도리어

タクシーに乗(の)ったら電車(でんしゃ)よりかえって時間(じかん)がかかった。

택시를 탔더니 전철보다 오히려 시간이 걸렸다.

かさかさ

꺼칠꺼칠(건조한 모습)

冬(ふゆ)になると肌(はだ)がかさかさしてしまう。

겨울이 되면 피부가 꺼칠꺼칠해진다.

かつて

① 일찍이, 예전에

かつて大阪(おおさか)に住(す)んでいた。

예전에 오사카에 살았었다.

② 이제껏(～ないが 뒤따름)

かつてない大成功(だいせいこう)を収(おさ)める。

이제껏 없었던 대성공을 거두다.

ぎっしり

가득, 빽빽이

箱(はこ)に本(ほん)をぎっしり詰(つ)める。 상자에 책을 가득 채우다.

きっぱり

단호히, 딱 잘라

きっぱりと断(ことわ)る。 단호하게 거절하다.

ぎりぎり

빠듯하게, 아슬아슬

ぎりぎり終電(しゅうでん)に間(ま)に合(あ)う。

빠듯하게 막차 시간에 도착하다.

ぐずぐず

우물쭈물, 꾸물거림, 어물쩍

ぐずぐずしている時間(じかん)はない。

우물쭈물하고 있을 시간은 없다.

くたくた

기진맥진, 몹시 피로한, 녹초가 된

疲(つか)れてくたくたになる。 지쳐서 녹초가 되다.

ぐったり

축(지쳐서 늘어진 모습, 녹초가 된 상태)

暑(あつ)さでぐったりしてしまう。 더위로 축 늘어져 버리다.

くれぐれも

부디, 아무쪼록

くれぐれもお体(からだ)にお気(き)をつけ下(くだ)さい。

부디 몸조심하세요.

げっそり

홀쭉하게

病気(びょうき)をしてげっそりとやせる。

병을 앓아 홀쭉하게 여위다.

現に げんに

⊜ 実際(じっさい)に

실제로

現(げん)に見(み)た人(ひと)がいる。 실제로 본 사람이 있다.

ごく

매우, 극히

ごく一部(いちぶ)の人(ひと)が反対(はんたい)している。

극히 일부 사람들이 반대하고 있다.

こそこそ

⊜ こっそり

몰래, 살짝

こそこそと人(ひと)の悪口(わるくち)を言(い)う。

몰래 남의 험담을 하다.

ごちゃごちゃ

뒤죽박죽, 어수선함

机(つくえ)の上(うえ)がごちゃごちゃしている。

책상 위가 어수선하다.

こつこつ

꾸준히

こつこつと勉強(べんきょう)をする。 꾸준히 공부하다.

ごろごろ

① 데굴데굴

岩(いわ)がごろごろ転(ころ)がっている。

바위가 데굴데굴 구르고 있다.

② 빈둥빈둥

一日中(いちにちじゅう)家(いえ)でごろごろしている。

하루종일 집에서 빈둥거리고 있다.

再三 さいさん

⊜ しばしば, たびたび

재삼, 여러 번, 자주

再三(さいさん)注意(ちゅうい)する。 여러 번 주의를 주다.

再度 さいど

재차, 다시

再度(さいど)確認(かくにん)をお願(ねが)いします。 다시 확인 부탁드립니다.

さすが

과연, 역시

鈴木さんはさすがセンスがいいですね。
스즈키 씨는 역시 센스가 좋네요.

さっさと

빨리, 서둘러

さっさと家へ帰る。 서둘러 집으로 돌아가다.

さっぱり

① 산뜻함, 말끔함, 상쾌함, 후련함

試験が終わってさっぱりした。
시험이 끝나 후련하다.

② 전혀, 조금도

さっぱり分からない。 전혀 모르겠다.

さらに

더욱 더, 한층 더

さらに風が強くなる。 한층 더 바람이 강해지다.

じかに

직접, 바로

じかに話す。 직접 이야기하다.

じきに

㊂ すぐに, まもなく

곧

じきに参ります。 곧 가겠습니다.

至急 しきゅう

시급히, 서둘러

至急来てほしい。 서둘러 왔으면 한다.

しきりに

자꾸만, 끊임없이, 계속

しきりにベルが鳴る。 끊임없이 벨이 울리다.

始終 しじゅう

언제나, 늘, 시종

彼は始終遊んでばかりいる。 그는 언제나 놀고만 있다.

じたばた

바둥바둥, 발버둥 치는 모습

今になってじたばたしてもしかたない。
이제 와서 발버둥 쳐도 소용없다.

じっと

잠자코, 가만히, 물끄러미

じっと動かないでいる。 가만히 움직이지 않고 있다.

実に じつに

⊜ 本当に, 誠に

실로, 정말

この料理は実にうまい。 이 요리는 정말 맛있다.

しばしば

⊜ たびたび

자주, 빈번히

しばしば訪れる。 자주 방문하다.

しみじみ

절실히, 절절히

親のありがたさをしみじみと感じる。

부모의 고마움을 절실히 느낀다.

じめじめ

① 축축한

梅雨でじめじめとした天気が続いている。

장마로 축축한 날씨가 계속되고 있다.

② 음침한, 어두운

彼はじめじめとした性格の持ち主だ。

그는 음침한 성격의 소유자이다.

順々に じゅんじゅんに

차례차례, 순서대로

仕事を順々に片づける。 일을 차례차례 정리하다.

徐々に じょじょに

서서히, 조금씩, 천천히

徐々にスピードを上げる。 서서히 속도를 올리다.

知らず知らず しらずしらず

자기도 모르게, 무심코

知らず知らずのうちに眠ってしまった。

자기도 모르는 사이에 잠들어 버렸다.

じろじろ

빤히, 뚫어지게

じろじろ人の顔を見る。 빤히 사람의 얼굴을 보다.

じわじわ

서서히

インフレの影響がじわじわと出始める。

인플레이션의 영향이 서서히 나타나기 시작하다.

すっきり

산뜻함, 상쾌함, 깔끔함

気分がすっきりする。 기분이 상쾌해지다.

すっと

① 상쾌함, 후련함

胸がすっとする。 가슴이 후련하다.

② 재빨리

すっと姿を消す。 재빨리 자취를 감추다.

ずらり

즐비하게, 죽

写真をずらりと並べる。 사진을 죽 늘어놓다.

精一杯 せいいっぱい

힘껏, 최대한

精一杯努力する。 힘껏 노력하다.

せいぜい

고작, 기껏해야

集まっても、せいぜい10人ぐらいだ。

모여봤자 고작 10명 정도이다.

せっかく

모처럼

せっかくの休みだから、どこにも出かけたくない。

모처럼의 휴일이니 아무 데도 가고 싶지 않다.

せっせと

부지런히, 열심히

せっせと働く。 열심히 일하다.

絶対 ぜったい

절대

絶対許さない。 절대 용서하지 않겠다.

ぜひとも

㊂ ぜひ

꼭

ぜひともご出席ください。 꼭 출석해 주십시오.

せめて

㊂ 少なくとも

적어도

せめて一週間ぐらいの休暇がほしい。

적어도 일주일 정도의 휴가가 있었으면 좋겠다.

相当 そうとう

㊂ かなり

상당히

彼は相当勉強したようだ。 그는 상당히 공부한 것 같다.

即座に そくざに

즉석에서, 당장, 바로

即座に答える。 즉석에서 대답하다.

そっくり ㊀ 全部(ぜんぶ)		**전부, 남김없이** お金(かね)をそっくり渡(わた)す。 돈을 전부 건네주다.
そのうち		**곧, 머지않아** そのうちまた来(き)ます。 머지않아 또 오겠습니다.
ぞろぞろ		**줄줄, 줄이어(많은 것이 계속 이어지는 모습)** 学校(がっこう)から生徒(せいと)たちがぞろぞろ出(で)てくる。 학교에서 학생들이 줄이어 나오다.
絶えず	たえず	**끊임없이, 항상** 絶(た)えず努力(どりょく)する。 끊임없이 노력하다.
互いに	たがいに	**서로** 互(たが)いに助(たす)け合(あ)う。 서로 돕다.
ただ		**그저, 단지** ただ無事(ぶじ)を祈(いの)る。 그저 무사하기를 빌다.
直ちに	ただちに	**즉시, 당장, 곧장** 直(ただ)ちに集合(しゅうごう)せよ。 즉시 집합하라.
たちまち		**금세** たちまち売(う)り切(き)れる。 금세 품절되다.
たっぷり		**듬뿍, 잔뜩, 넉넉하게** パンにジャムをたっぷり塗(ぬ)る。 빵에 잼을 듬뿍 바르다.
たとえ		**비록** たとえ失敗(しっぱい)しても、後悔(こうかい)はしない。 비록 실패해도 후회는 하지 않겠다.
たびたび ㊀ しばしば		**여러 번, 자주** 彼(かれ)はたびたびここに来(く)る。 그는 자주 여기에 온다.
だぶだぶ ㊀ ぶかぶかな		**헐렁헐렁** だぶだぶのズボン。 헐렁헐렁한 바지.

たまたま

우연히, 때마침

たまたま駅(えき)で昔(むかし)の友達(ともだち)に会(あ)った。

우연히 역에서 옛 친구를 만났다.

近々 ちかぢか

가까운 시일 내에

近々(ちかぢか)うかがいます。 가까운 시일 내에 찾아뵙겠습니다.

ちなみに

덧붙여서 말하자면, 이와 관련하여, 참고로

ちなみに、会費(かいひ)は５千円(ごせんえん)です。

참고로 회비는 5천 엔입니다.

着々と ちゃくちゃくと

척척, 순조롭게

工事(こうじ)が着々(ちゃくちゃく)と進(すす)む。 공사가 순조롭게 진행되다.

ついでに

하는 김에

ついでに牛乳(ぎゅうにゅう)も買(か)ってきて。

하는 김에 우유도 사다 줘.

常に つねに

㊂ いつも

언제나, 늘, 항상

常(つね)に努力(どりょく)する。 항상 노력하다.

つまり

㊂ すなわち

즉

たくさん売(う)れるのは、つまり品(しな)が良(い)いからだ。

많이 팔리는 것은, 즉 물건이 좋기 때문이다.

てきぱき

척척(일을 잘 처리하는 모습)

仕事(しごと)をてきぱきと片付(かたづ)ける。 일을 척척 처리하다.

どうしても

① 아무리 해도, 도무지

どうしても分(わ)からない。 도무지 모르겠다.

② 반드시, 꼭

㊂ ぜひとも

どうしても見(み)たい。 꼭 보고 싶다.

どうせ

어차피, 결국

どうせやるなら、楽(たの)しくやろう。

어차피 하는 거라면 즐겁게 하자.

当然 とうぜん

당연히

彼(かれ)なら当然(とうぜん)そうするでしょう。

그라면 당연히 그렇게 하겠지요.

当分 とうぶん

당분간

当分休みます。 당분간 쉬겠습니다.

ところどころ

= あちこち

군데군데, 여기저기

ところどころ間違っている。 군데군데 틀려 있다.

途端に とたんに

~하자마자

立ち上がった途端に倒れた。 일어나자마자 쓰러졌다.

とっくに

= ずっと前(まえ)に

벌써, 진작에

森さんならとっくに帰りました。

모리 씨라면 진작에 돌아갔습니다.

どっと

한꺼번에, 일제히, 우르르

ドアが開き、客がどっと入って来た。

문이 열리고 손님이 한꺼번에 들어 왔다.

とにかく

= ともかく

어쨌든

とにかくやってみよう。 어쨌든 해 보자.

ともかく

= とにかく

어쨌든

留守かもしれないが、ともかく行ってみよう。

부재중일지도 모르지만 어쨌든 가 보자.

共に ともに

모두, 함께

友人と共に旅行に行く。 친구와 함께 여행을 가다.

とりあえず

우선, 일단

とりあえず必要な物はそろった。

우선 필요한 물건은 갖추어졌다.

なお

① 여전히, 아직

= やはり

今もなお健在だ。 지금도 여전히 건재하다.

② 더욱, 한층

= もっと, いっそう

冷やして飲めばなおうまい。

차게 해서 마시면 더욱 맛있다.

なぜなら

왜냐하면

何とも言えない。なぜならまだ協議中だから。
뭐라고도 할 수 없다. 왜냐하면 아직 협의 중이니까.

何しろ なにしろ

⊜ とにかく, ともかく

어쨌든, 아무튼

心配するよりも何しろ一度やってみることだ。
걱정하기 보다도 어쨌든 한 번 해 봐야 한다.

何分 なにぶん

⊜ どうぞ, なにとぞ

① 부디

何分よろしくお願いします。
부디 잘 부탁드립니다.

⊜ 何しろ

② 아무래도, 아무튼, 어쨌든

何分若いので失敗も多い。
아무래도 젊기 때문에 실패도 많다.

何か なんか

어쩐지, 어딘지 모르게

何か気持ち悪い。 어딘지 모르게 기분 나쁘다.

何て なんて

⊜ 何という

이 얼마나

何てすばらしい絵なんだ。 이 얼마나 훌륭한 그림인가!

何で なんで

⊜ どうして, なぜ

왜, 어째서

何で泣いているの？ 왜 울고 있는 거야?

何とか なんとか

어떻게든

そこを何とかお願いします。
그걸 어떻게든 부탁드립니다.

何となく なんとなく

⊜ なんだか

어쩐지, 왠지

何となく気になる。 왠지 신경이 쓰인다.

何とも なんとも

① 정말로, 매우

何とも驚いた。 정말로 놀랐다.

② 뭐라고도, 아무렇지도

何とも言えない。 뭐라고도 할 수 없다.

何らか なんらか

⊜いくらか

무언가, 얼마간, 어느 정도

何らかの参考にはなるだろう。

어느 정도 참고는 될 것이다.

にこにこ

싱글벙글

にこにこ笑う。 싱글벙글 웃다.

にっこり

⊜にこり

생긋, 방긋

にっこり笑う。 생긋 웃다.

二度と にどと

두 번 다시

二度と会いたくない。 두 번 다시 만나고 싶지 않다.

残らず のこらず

⊜全部, すべて

남김없이, 전부, 모두

残らず売れる。 전부 팔리다.

後ほど のちほど

나중에, 잠시 후에

後ほど詳しく説明します。

나중에 자세하게 설명하겠습니다.

のんびり

한가롭게, 여유롭게

のんびりと暮らす。 여유롭게 지내다.

はたして

⊜いったい

① 과연, 도대체

はたして結果はどうなるか。

과연 결과는 어떻게 될까?

⊜思ったとおり, 案の定

② 역시, 생각했던 대로

はたして彼は来なかった。 역시 그는 오지 않았다.

はらはら

조마조마

はらはらしながら結果を待つ。

조마조마하면서 결과를 기다리다.

比較的 ひかくてき

⊜割と

비교적

10歳にしては比較的大きい。 10살치고는 비교적 크다.

ひそひそ

소곤소곤

ひそひそと話す。 소곤소곤 이야기하다.

びっしょり

흠뻑

びっしょりと汗(あせ)をかく。 흠뻑 땀을 흘리다.

一通り ひととおり

⊜ ざっと

대충, 대략

一通(ひととお)り読(よ)む。 대충 읽다.

独りでに ひとりでに

⊜ 自然(しぜん)に

저절로, 자연히

独(ひと)りでにドアが開(あ)いた。 저절로 문이 열렸다.

一人一人 ひとりひとり

한 사람 한 사람, 각자

これは一人(ひとり)一人(ひとり)の責任(せきにん)である。
이것은 각자의 책임이다.

再び ふたたび

다시, 재차

再(ふたた)び挑戦(ちょうせん)する。 다시 도전하다.

ふと

문득

ふと思(おも)い出(だ)す。 문득 생각이 떠오르다.

ぶらぶら

① 어슬렁어슬렁

近所(きんじょ)をぶらぶらと散歩(さんぽ)する。
근처를 어슬렁어슬렁 산책하다.

② 빈둥빈둥, 빈들빈들

家(いえ)でぶらぶらする。 집에서 빈둥거리다.

ぶるぶる

덜덜, 부들부들

寒(さむ)くてぶるぶると震(ふる)える。 추워서 부들부들 떨다.

ふわふわ

폭신폭신, 둥실둥실, 팔랑팔랑

雲(くも)がふわふわと漂(ただよ)う。 구름이 둥실둥실 떠다니다.

ふんわり

⊜ ふわり

폭신폭신

ふんわりとした布団(ふとん)は気持(きも)ちがいい。
폭신폭신한 이불은 기분이 좋다.

別々に べつべつに

따로 따로

別々(べつべつ)に包(つつ)む。 따로 따로 포장하다.

ほっと

안심하는 모양

その知(し)らせを聞(き)いてほっとした。

그 소식을 듣고 안심했다.

ほぼ

= 大体(だいたい)

거의

成功(せいこう)はほぼ間違(まちが)いない。 성공은 거의 틀림없다.

ぼんやり

① 희미하게

山(やま)がぼんやりと見(み)える。 산이 희미하게 보인다.

② 멍하니

寝不足(ねぶそく)で頭(あたま)がぼんやりしている。

수면 부족으로 머리가 멍하다.

まあまあ

= まずまず

그럭저럭, 그저 그럼

成績(せいせき)はまあまあだ。 성적은 그저 그렇다.

まさに

= 本当(ほんとう)に, ちょうど

확실하게, 정말로

まさにその通(とお)りだ。 정말로 그렇다.

ますます

= いよいよ

더욱 더

風(かぜ)がますます強(つよ)くなる。 바람이 더욱 더 강해지다.

全く まったく

= すっかり

① 완전히

全(まった)く同(おな)じだ。 완전히 같다.

= 全然(ぜんぜん), ちっとも, 少(すこ)しも

② 전혀

全(まった)く酒(さけ)を飲(の)まない。 술을 전혀 마시지 않는다.

間もなく まもなく

= すぐに, じきに

머지않아, 곧

間(ま)もなく電車(でんしゃ)がまいります。 곧 전철이 들어옵니다.

まるで

마치

まるで夢(ゆめ)のようだ。 마치 꿈 같다.

万一 まんいち

= もし, もしも

만일, 만약

万一(まんいち)行(い)けなくなったら電話(でんわ)します。

만일 갈 수 없게 되면 전화하겠습니다.

自ら みずから
⊜ 自分で

스스로

自ら過ちを認める。 스스로 잘못을 인정하다.

むしろ

오히려

休日は出かけるよりむしろ家で寝ていたい。
휴일은 나가는 것보다 오히려 집에서 자고 싶다.

めいめい
⊜ 各々

각각

お菓子をめいめいに分ける。 과자를 각각 나누다.

めっきり

뚜렷이, 현저히, 부쩍

めっきり秋らしくなった。 부쩍 가을다워졌다.

めったに

좀처럼

病院にはめったに行かない。
병원에는 좀처럼 가지 않는다.

もしかして
⊜ もしかしたら

혹시, 어쩌면

もしかして彼は来ないかもしれない。
어쩌면 그는 안 올지도 모른다.

もしも
⊜ もし, 万一

만약

もしも負けたらどうしよう。 만약 지면 어떻게 하지?

もともと

원래, 처음부터

もともとやる気はなかった。
처음부터 할 마음은 없었다.

やがて

이윽고, 머지않아

やがて到着するでしょう。 머지않아 도착하겠지요.

約 やく

약, 대략

食事代は約１万円だった。 식사비는 약 1만 엔이었다.

やむをえず
⊜ 仕方がなく

어쩔 수 없이

やむをえず試合は延期することになった。
어쩔 수 없이 시합은 연기되었다.

やや ⊜ 少し(すこ)		**약간, 조금, 다소** 昨日(きのう)よりやや寒(さむ)い。 어제보다 약간 춥다.
悠々	ゆうゆう	**유유히, 여유롭게** 悠々(ゆうゆう)と間(ま)に合(あ)う。 여유롭게 시간에 맞추다.
要するに ⊜ つまり	ようするに	**요컨대, 즉** 要(よう)するに努力(どりょく)不足(ふそく)だったのだ。 요컨대 노력 부족이었던 것이다.
わくわく ⊜ どきどき		**두근두근** 胸(むね)がわくわくする。 가슴이 두근두근하다.
割と ⊜ 比較的(ひかくてき)	わりと	**비교적** 値段(ねだん)が割(わり)と安(やす)い。 가격이 비교적 싸다.

ある

어느 〈연체사〉

それはある日(ひ)のことだった。
그것은 어느 날의 일이었다.

単なる たんなる

단순한 〈연체사〉

単(たん)なるうわさにすぎない。 단순한 소문에 지나지 않는다.

ちょっとした

① 약간의, 작은

⊜ わずかな

ちょっとしたお土産(みやげ)がある。 작은 선물이 있다.

② 상당한 〈연체사〉

⊜ かなりの

ちょっとしたブームを呼(よ)ぶ。 상당한 붐을 일으키다.

ほんの

그저, 매우 적은 〈연체사〉

ほんの少(すこ)ししかない。 아주 조금 밖에 없다.

我が わが

우리~ 〈연체사〉

我(わ)が校(こう)が試合(しあい)に勝(か)った。 우리 학교가 시합에서 이겼다.

あるいは

⊜ または, もしくは

혹은, 또는 〈접속사〉

塩(しお)あるいはしょうゆを入(い)れてください。
소금 혹은 간장을 넣어 주세요.

さて

그런데, 그건 그렇고 〈접속사〉

さて発表(はっぴょう)に入(はい)りますが。
그건 그렇고 발표에 들어가겠습니다만.

しかも

게다가, 더구나 〈접속사〉

この店(みせ)は安(やす)くて、しかも味(あじ)がよい。
이 가게는 싸고, 게다가 맛이 좋다.

従って したがって

따라서 〈접속사〉

雨(あめ)が降(ふ)っている。従(したが)って遠足(えんそく)は中止(ちゅうし)する。
비가 내리고 있다. 따라서 소풍은 중지한다.

すなわち

⊜ つまり

즉, 곧, 다시 말하면 〈접속사〉

日本(にほん)の首都(しゅと)すなわち東京(とうきょう)。 일본의 수도 즉 도쿄.

そこで

⊜ それで

그래서 〈접속사〉

疲れてきた。そこで少し休むことにした。

피곤해졌다. 그래서 잠시 쉬기로 했다.

その上 そのうえ

⊜ それに加えて, さらに

게다가, 더구나 〈접속사〉

風が強い。その上雨が降りだした。

바람이 강하다. 게다가 비가 내리기 시작했다.

そのため

그 때문에 〈접속사〉

雪が降った。そのため、道が込んでいる。

눈이 내렸다. 그 때문에 길이 붐비고 있다.

それでも

⊜ それにもかかわらず

그래도 〈접속사〉

みんなに反対された。それでも私はやる。

모두가 반대했다. 그래도 나는 하겠다.

それどころか

오히려, 반대로 〈접속사〉

勉強しても成績が上がらない。それどころか下がっている。

공부해도 성적이 오르지 않는다. 오히려 떨어지고 있다.

それとも

그렇지 않으면, 아니면, 또는 〈접속사〉

明日にする、それとも明後日の方がいい？

내일로 할래, 아니면 모레가 좋아?

それなのに

그런데도, 그럼에도 〈접속사〉

彼は来ると約束した。それなのに来なかった。

그는 온다고 약속했다. 그런데도 오지 않았다.

それにしても

그렇다 치더라도, 그렇다고 해도 〈접속사〉

それにしても電話ぐらいはできるはずだ。

그렇다 치더라도 전화 정도는 할 수 있을 것이다.

ただし

⊜ しかし

다만, 그러나, 하지만 〈접속사〉

明日運動会を行う。ただし雨の場合は中止する。

내일 운동회를 실시한다. 다만 비가 올 경우에는 중지한다.

ところが

⊜ それなのに

그렇지만, 그런데 〈접속사〉

早めに家を出た。ところが道が込んで遅れてしまった。

일찌감치 집을 나섰다. 그렇지만 길이 막혀서 늦어 버렸다.

ところで

⊜ さて

그런데, 그건 그렇고 〈접속사〉

ところでお仕事(しごと)の方(ほう)はどうですか。

그런데, 하시는 일은 어떻습니까?

のみ

⊜ だけ, ばかり

뿐, 만 〈조사〉

後(あと)は結果(けっか)を待(ま)つのみだ。 남은 것은 결과를 기다릴 뿐이다.

アクセント
악센트, 어조
言葉のアクセントを調べる。 말의 악센트를 조사하다.

アピール
어필, 호소
商品の良さを消費者にアピールしたい。
상품의 장점을 소비자에게 호소하고 싶다.

アレンジ
정리, 조절, 변형
好みに合わせて味付けをアレンジする。
취향에 맞추어 양념을 조절하다.

インテリア
인테리어, 실내 장식
部屋のインテリアを変える。 방의 인테리어를 바꾸다.

インパクト
충격, 강렬한 인상
インパクトのあるデザインを作る。 강렬한 인상의 디자인을 만들다.

ウイスキー
위스키
水割りのウイスキーを飲む。 물을 넣어 묽게 한 위스키를 마시다.

ウール
울, 모직
ウールコートを買う。 모직 코트를 사다.

エチケット
에티켓
エチケットを守る。 에티켓을 지키다.

オーケストラ
오케스트라, 관현악단
オーケストラの演奏を聞く。 오케스트라의 연주를 듣다.

オートメーション
오토메이션, 자동 조종 장치, 자동화 방식
工場のオートメーションを進める。 공장의 자동화를 추진하다.

オーバー
초과, 넘음
発表時間をオーバーしてしまった。 발표 시간을 초과해 버렸다.

オリンピック
올림픽
オリンピックで金メダルをとる。 올림픽에서 금메달을 따다.

カー

자동차

カーセンターで車(くるま)を直(なお)してもらった。 자동차 정비소에서 차를 고쳤다.

ガイド

가이드, 안내, 안내원

観光客(かんこうきゃく)に観光(かんこう)スポットをガイドする。
관광객에게 관광지를 안내하다.

カンニング

부정행위

テストでカンニングをする。 시험에서 부정행위를 하다.

キャプテン

주장, 선장, 통솔자

チームのキャプテンになる。 팀의 주장이 되다.

クラシック

클래식, 고전

クラシック音楽(おんがく)を楽(たの)しむ。 클래식 음악을 즐기다.

クラブ

클럽

テニスクラブに入(はい)る。 테니스 클럽에 들어가다.

グランド

대규모의, 대형의, 훌륭한

グランドセールを行(おこな)う。 대규모 할인 판매를 실시하다.

クリア

해결, 통과

問題(もんだい)をクリアする。 문제를 해결하다.

クリーム

크림

生(なま)クリームのケーキを作(つく)る。 생크림 케이크를 만들다.

クリスマス

크리스마스, 성탄절

今年(ことし)もクリスマスがやって来(き)た。 올해도 크리스마스가 찾아왔다.

ゲスト

게스트, 손님, 특별 출연자

ゲストとして出演(しゅつえん)する。 특별 출연하다.

コース

코스, 길, 과정, 절차

登山(とざん)コースから外(はず)れる。 등산 코스에서 벗어나다.

コーチ

코치, 지도, 지도자

野球(やきゅう)をコーチする。 야구를 지도하다.

コール

호출, 전화

何度(なんど)コールしても応答(おうとう)がない。 몇 번을 호출해도 응답이 없다.

コック

요리사

彼(かれ)はホテルでコックをしている。 그는 호텔에서 요리사를 하고 있다.

コミュニケーション

커뮤니케이션, 의사소통

コミュニケーションが足(た)りない。 커뮤니케이션이 부족하다.

コレクション

컬렉션, 수집

時計(とけい)のコレクションを始(はじ)める。 시계 수집을 시작하다.

コンクール

콩쿠르, 경연대회

コンクールに参加(さんか)する。 콩쿠르에 참가하다.

コンクリート

콘크리트

コンクリートで固(かた)める。 콘크리트로 굳히다.

サークル

서클, 동호회

サークルに入(はい)る。 동호회에 들어가다.

サイレン

사이렌

救急車(きゅうきゅうしゃ)がサイレンを鳴(な)らす。 구급차가 사이렌을 울리다.

シーズン

시즌, 계절, 철

海水浴(かいすいよく)のシーズンが近(ちか)づいてきた。 해수욕 시즌이 다가왔다.

ジーンズ

청바지

ジーンズをはく。 청바지를 입다.

ジャーナリスト

저널리스트, 언론인

将来(しょうらい)はジャーナリストになりたい。
장래에는 저널리스트가 되고 싶다.

シャッター

셔터, 덧문

店(みせ)のシャッターを降(お)ろす。 가게의 셔터를 내리다.

ジョギング

조깅

毎朝(まいあさ)ジョギングをする。 매일 아침 조깅을 한다.

ショック

쇼크, 충격

強(つよ)いショックを受(う)ける。 강한 충격을 받다.

シリーズ

시리즈, 연작

好(す)きな作家(さっか)のシリーズの本(ほん)を買(か)う。

좋아하는 작가의 책을 시리즈로 사다.

スープ

수프

スープを飲(の)む。 수프를 먹다.

スキー

스키

冬(ふゆ)はスキーによく行(い)く。 겨울에는 스키를 타러 자주 간다.

スタート

시작, 출발

午前(ごぜん)10時(じゅうじ)にスタートする。 오전 10시에 시작한다.

ステージ

무대

ステージに立(た)つ。 무대에 서다.

スペース

공간, 장소, 우주

テーブルを置(お)くスペースがない。 탁자를 놓을 공간이 없다.

スポンサー

스폰서, 광고주, 후원자

広告(こうこく)のスポンサーになる。 광고의 후원자가 되다.

スムーズ

원활함, 순조로움

交渉(こうしょう)がスムーズに進(すす)む。 협상이 원활하게 진행되다.

ゼミ

세미나, 연구회, 토론회

ゼミで発表(はっぴょう)する。 세미나에서 발표하다.

セメント

시멘트

セメントで家(いえ)を建(た)てる。 시멘트로 집을 짓다.

ターゲット

표적, 대상

中高年(ちゅうこうねん)をターゲットに商品(しょうひん)を開発(かいはつ)する。

중장년층을 대상으로 상품을 개발하다.

タイミング
타이밍, 시기
タイミングが悪(わる)い。 타이밍이 나쁘다.

タイヤ
타이어
タイヤに空気(くうき)を入(い)れる。 타이어에 공기를 넣다.

ダイヤ
① 다이아몬드
ダイヤの指輪(ゆびわ)。 다이아몬드 반지.
② 다이어그램, 도표, 열차 운행표
ダイヤどおりに電車(でんしゃ)が来(く)る。 운행표대로 전철이 오다.

ダメージ
손상, 손해, 손실, 타격
大(おお)きなダメージを受(う)ける。 큰 손실을 입다.

チーズ
치즈
牛乳(ぎゅうにゅう)からチーズを作(つく)る。 우유로 치즈를 만들다.

チーム
팀
チームのためにがんばる。 팀을 위해 노력하다.

チェンジ
교체, 교환
部品(ぶひん)をチェンジする。 부품을 교체하다.

テクニック
테크닉, 기술, 능력, 기법
この作業(さぎょう)には高度(こうど)なテクニックが必要(ひつよう)だ。
이 작업에는 고도의 기술이 필요하다.

テント
텐트
テントを張(は)る。 텐트를 치다.

テンポ
템포, 빠르기, 박자, 속도
速(はや)いテンポで歩(ある)く。 빠른 속도로 걷다.

トランプ
트럼프, 트럼프 카드
トランプで占(うらな)う。 트럼프로 점을 치다.

ナイロン
나일론
ナイロンは火(ひ)に弱(よわ)い。 나일론은 불에 약하다.

ナンバー

넘버, 숫자, 번호

ナンバーをつける。 번호를 붙이다.

ニーズ

필요, 요구, 수요

お客様(きゃくさま)のニーズに対応(たいおう)する。 고객의 요구에 대응하다.

ハード

힘든, 고된

この仕事(しごと)はとてもハードだ。 이 일은 매우 고되다.

バイオリン

바이올린

バイオリンを弾(ひ)く。 바이올린을 연주하다.

パイプ

파이프, 관

寒(さむ)さで水道(すいどう)のパイプが凍(こお)ってしまう。
추위로 수도관이 얼어 버리다.

パイロット

파일럿, 조종사

飛行機(ひこうき)のパイロットになる。 비행기의 조종사가 되다.

パターン

패턴, 유형

問題(もんだい)のパターンを分析(ぶんせき)する。 문제의 패턴을 분석하다.

バッグ

백, 가방

手(て)にバッグを提(さ)げる。 손에 가방을 들다.

バランス

밸런스, 균형

栄養(えいよう)のバランスをとる。 영양의 균형을 맞추다.

パンク

펑크, 파열, 구멍

タイヤがパンクする。 타이어가 구멍 나다.

パンツ

팬티, 바지

ショートパンツをはく。 짧은 바지를 입다.

ハンドル

핸들, 손잡이, 운전대

ハンドルを右(みぎ)に切(き)る。 핸들을 오른쪽으로 꺾다.

ピストル

권총

ピストルを撃(う)つ。 권총을 쏘다.

ビニール

비닐

大量(たいりょう)のビニール袋(ぶくろ)を使用(しよう)する。 대량의 비닐 봉투를 사용하다.

ピンポン

핑퐁, 탁구

友達(ともだち)とピンポンをする。 친구와 탁구를 치다.

ブーム

붐, 유행

ブームを呼(よ)ぶ。 유행을 불러일으키다.

フライパン

프라이팬

肉(にく)をフライパンに入(い)れて炒(いた)める。 고기를 프라이팬에 넣고 볶다.

プラスチック

플라스틱

プラスチックの椅子(いす)は軽(かる)い。 플라스틱 의자는 가볍다.

プラットホーム

플랫폼

プラットホームに人(ひと)があふれる。 플랫폼에 사람이 넘친다.

プラン

계획

旅行(りょこう)のプランを立(た)てる。 여행 계획을 세우다.

フリー

= 自由(じゆう)

= 無料(むりょう)

① 자유로움

フリーな立場(たちば)で発言(はつげん)する。 자유로운 입장에서 발언하다.

② 공짜, 무료

ここでの飲(の)み物(もの)はフリーです。 이곳에서의 음료는 무료입니다.

フルーツ

과일

食後(しょくご)にフルーツを食(た)べる。 식후에 과일을 먹다.

プレッシャー

압력, 압박

上司(じょうし)にプレッシャーをかけられる。 상사에게 압박을 받다.

プロ

= プロフェッショナル

프로, 전문가, 전문적

アマチュアからプロになる。 아마추어에서 프로가 되다.

ブローチ

브로치

ブローチを胸(むね)につける。 브로치를 가슴에 달다.

プログラム

프로그램

効果的(こうかてき)な教育(きょういく)プログラムを立(た)てる。

효과적인 교육 프로그램을 만들다.

ベテラン

베테랑, 숙련자, 전문가

山口(やまぐち)さんは経歴(けいれき)20年(にじゅうねん)のベテランだ。

야마구치 씨는 경력 20년의 베테랑이다.

ヘリコプター

헬리콥터, 헬기

ヘリコプターで運(はこ)ぶ。 헬리콥터로 옮기다.

ペンキ

페인트

ペンキを塗(ぬ)る。 페인트를 바르다.

ベンチ

벤치

公園(こうえん)のベンチに座(すわ)る。 공원의 벤치에 앉다.

ホームステイ

홈스테이

海外(かいがい)でホームステイする。 해외에서 홈스테이하다.

マーケット

시장

マーケットを広(ひろ)げる。 시장을 확대하다.

マイク

마이크

マイクを通(つう)じて話(はな)す。 마이크를 통해서 이야기하다.

マイペース

자기에게 맞는 속도와 방법

マイペースで仕事(しごと)をする。 자기의 속도로 일을 하다.

マスター

마스터, 숙달함, 습득함

フランス語(ご)をマスターする。 프랑스어를 마스터하다.

ミシン

미싱, 재봉틀

ミシンで服(ふく)を作(つく)る。 재봉틀로 옷을 만들다.

メイン

⊜メーン

중심, 중요함

こちらは肉(にく)がメインの料理(りょうり)です。 이쪽은 고기가 중심인 요리입니다.

メモ

메모

要点(ようてん)をメモする。요점을 메모하다.

メリット

장점, 이점, 가치

何(なん)のメリットもない。아무런 이점도 없다.

モーター

모터, 전동기

モーターを止(と)める。모터를 정지시키다.

モダン

㊀モダーン

현대적

モダンな建物(たてもの)を建(た)てる。현대적인 건물을 짓다.

モデル

모델, 본보기, 모범

写真(しゃしん)のモデルになる。사진 모델이 되다.

モノレール

모노레일

新(あたら)しいモノレールが開通(かいつう)する。새로운 모노레일이 개통되다.

ヨット

요트

ヨットに乗(の)る。요트를 타다.

ライター

라이터, 점화기

ライターで火(ひ)をつける。라이터로 불을 붙이다.

ラケット

라켓

ラケットが折(お)れてしまう。라켓이 부러져 버리다.

ラッシュアワー

러시아워

朝夕(あさゆう)のラッシュアワーは道(みち)が大変(たいへん)込(こ)む。
아침저녁의 러시아워는 길이 매우 혼잡하다.

リーダー

리더, 지도자, 통솔자

チームのリーダーになる。팀의 리더가 되다.

リズム

리듬

音楽(おんがく)のリズムに合(あ)わせて踊(おど)る。음악의 리듬에 맞추어 춤추다.

リハーサル

리허설, 예행연습

演劇(えんげき)のリハーサルをする。연극 리허설을 하다.

リラックス

긴장을 품, 편안히 쉼

音楽(おんがく)を聴(き)きながらリラックスしたい。

음악을 들으며 편안히 쉬고 싶다.

レクリエーション

레크리에이션, 오락

ストレス解消(かいしょう)のために、レクリエーションも必要(ひつよう)だ。

스트레스 해소를 위해서 레크리에이션도 필요하다.

レジャー

레저, 여가

レジャー活動(かつどう)が盛(さか)んに行(おこな)われる。 레저 활동이 활발히 이루어지다.

レポーター

리포터, 기자, 보고자

レポーターを務(つと)める。 리포터를 맡다.

レンタル

대여, 빌림

自転車(じてんしゃ)をレンタルして観光地(かんこうち)を巡(めぐ)る。

자전거를 빌려서 관광지를 돌다.

ロケット

로켓

ロケットを発射(はっしゃ)する。 로켓을 발사하다.

ロッカー

로커, 자물쇠가 있는 수납장

荷物(にもつ)を入(い)れてロッカーに鍵(かぎ)をかける。

짐을 넣고 로커에 열쇠를 채우다.

ワイン

와인, 포도주

ぶどうからワインを生産(せいさん)する。 포도로 와인을 생산하다.

JLPT 보카

N2

문자 · 어휘 모의고사

問題１　＿＿＿の言葉の読み方として最もよいものを、１・２・３・４から一つ選びなさい。

1　新しく社員（しゃいん）を雇うことにした。

1 ねがう　2 やとう　3 すくう　4 いわう

2　彼の怪我は順調に回復（かいふく）している。

1 しゅんちょ　2 じゅんちょ　3 しゅんちょう　4 じゅんちょう

3　部長は、朝から機嫌が悪そうだ。

1 かいげん　2 がいけん　3 きげん　4 ぎけん

4　幼い娘と公園に出かける。

1 おさない　2 かわいい　3 かしこい　4 こまかい

5　彼女はパーティーに姿を現した。

1 あたり　2 かたち　3 すがた　4 みやげ

問題２ ＿＿＿の言葉を漢字で書くとき、最もよいものを１・２・３・４から一つ選びなさい。

6 日が暮れて、あたりは真っ暗になった。

1 巡り　　2 囲り　　3 周り　　4 辺り

7 物の値段は、じゅようと供給（きょうきゅう）の関係で決まる。

1 需用　　2 需要　　3 雫用　　4 雫要

8 コンピュータのかんりは、とても大変だ。

1 官理　　2 営理　　3 管理　　4 菅理

9 海の汚染（おせん）はしんこくな問題である。

1 深択　　2 探択　　3 深刻　　4 探刻

10 寝不足（ねぶそく）が続いて、体の調子をくずしてしまった。

1 壊して　　2 崩して　　3 流して　　4 治して

1회

問題３（　　　）に入れるのに最もよいものを、１・２・３・４から一つ選びなさい。

11　改札口の（　　　）正面に観光案内所がある。

１ 直　　２ 真　　３ 近　　４ 本

12　海（　　　）の道を通って家に帰った。

１ 付　　２ 建　　３ 沿い　　４ 向け

13　あの建物はまだ（　　　）完成である。

１ 未　　２ 非　　３ 低　　４ 無

問題4（　　）に入れるのに最もよいものを、1・2・3・4から一つ選びなさい。

14　この料理を作るには（　　）も時間もかかる。

1 手段　2 手続き　3 手間　4 手入れ

15　彼の意見は問題点を（　　）指摘(してき)している。

1 うれしく　2 したしく　3 するどく　4 まずしく

16　このりんごは、（　　）はよくないけれど、味がいい。

1 見方(みかた)　2 見(み)かけ　3 見出(みだ)し　4 見直(みなお)し

17　友人から借金(しゃっきん)を頼まれたが、（　　）断った。

1 きっぱり　2 がっかり　3 ゆっくり　4 ぴったり

18　収入(しゅうにゅう)と支出(ししゅつ)の（　　）を考えて買い物をする。

1 アドバイス　2 バランス　3 マーケット　4 チーム

19　大雨で川が溢れて、（　　）被害(ひがい)を受けた。

1 適切(てきせつ)な　2 強気(つよき)な　3 莫大(ばくだい)な　4 幸(さいわ)いな

20　ここは世界的な観光地なので、外国人に（　　）機会が多い。

1 達(たっ)する　2 関(かん)する　3 適(てき)する　4 接(せっ)する

1회

問題５ ＿＿＿の言葉に意味が最も近いものを、１・２・３・４から一つ選びなさい。

21 約束の時刻に遅れたことを<u>詫(わ)びた</u>。

1 怒鳴(どな)った　2 質問(しつもん)した　3 謝(あやま)った　4 感謝(かんしゃ)した

22 この地方に雪が降るのは<u>まれな</u>ことだ。

1 よくある　2 全然ない　3 ほとんどない　4 時々ある

23 スーツを買うとき、店員に<u>寸法</u>を測(はか)ってもらった。

1 インテリア　2 サイズ　3 スペース　4 オーダー

24 今度の試合では、<u>おそらく</u>島田(しまだ)選手が勝つだろう。

1 もし　2 たぶん　3 けっして　4 あいにく

25 そんな派手は服装(ふくそう)は<u>みっともない</u>よ。

1 あつかましい　2 みぐるしい　3 なつかしい　4 かわいらしい

問題6 次の言葉の使い方として最もよいものを、1・2・3・4から一つ選びなさい。

26 展開(てんかい)

1 美術館(びじゅつかん)へ彫刻(ちょうこく)の展開(てんかい)を見にいった。

2 レストランの向かいに花屋が展開(てんかい)した。

3 土日には学校の運動場が市民に展開(てんかい)される。

4 このドラマはストーリーの展開(てんかい)が単純だ。

27 甘(あま)やかす

1 コーヒーに砂糖(さとう)をたっぷり入れて甘(あま)やかした。

2 彼女は小さいころから甘(あま)やかされて育ったらしい。

3 子猫(こねこ)が甘(あま)やかされた声で母猫(ははねこ)を呼んでいる。

4 社長は社員たちの努力を大いに甘(あま)やかした。

28 支配(しはい)

1 両国(りょうこく)の文化支配(しはい)のため、イベントが開かれている。

2 大きな工事をするときは、周辺住民への支配(しはい)が大変だ。

3 昔から人間は自然を支配(しはい)しようとしてきた。

4 山田(やまだ)教授は、学生を支配(しはい)するとともに、研究にも力を入れている。

29 限定(げんてい)

1 最近残業続きで、もうそろそろ体力の限定(げんてい)だ。

2 石油(せきゆ)や石炭(せきたん)のような天然資源(てんねんしげん)には限定(げんてい)がある。

3 A社から期間限定(げんてい)のビールが来週発売される。

4 レポート提出の限定(げんてい)は来週の金曜日とします。

30 散(ち)らかる

1 部屋がひどく散(ち)らかっていたので、子供に片付(かたづ)けさせた。

2 先日の雨と強い風でほとんど桜が散(ち)らかってしまった。

3 今回の授業では三つのグループに散(ち)らかって発表が行われた。

4 就職をきっかけに、家族と散(ち)らかって一人暮(ひとりぐ)らしを始めた。

問題1 ＿＿＿の言葉の読み方として最もよいものを、1・2・3・4から一つ選びなさい。

1 相手の提案（ていあん）を快く受け入れる。

1 いさぎよく　2 こころよく　3 いちじるしく　4 まぎらわしく

2 このテーブルは頑丈にできている。

1 がんじょう　2 けんじょう　3 がんこ　4 けんこ

3 歯（は）の治療を受ける。

1 しりょ　2 ちりょ　3 しりょう　4 ちりょう

4 川のきしにたくさんの花が咲いている。

1 辺　2 崖　3 底　4 岸

5 二つのチームが優勝（ゆうしょう）を競っている。

1 あらそって　2 うばって　3 きそって　4 はらって

2회

問題２ ＿＿＿の言葉を漢字で書くとき、最もよいものを１・２・３・４から一つ選びなさい。

6　地震（じしん）にそなえて食べ物や水を用意する。

1 与えて　2 備えて　3 準えて　4 蓄えて

7　しばふの中に入らないでください.

1 草原　2 芝生　3 庭園　4 土地

8　窓から遠くの山をながめる。

1 視める　2 泊める　3 覚める　4 眺める

9　住宅地（じゅうたくち）の開発で、しんりんが消えている。

1 森林　2 深輪　3 森輪　4 深林

10　その記者は大臣（だいじん）にするどい質問をした。

1 硬い　2 鋭い　3 細い　4 偉い

問題３（　　　）に入れるのに最もよいものを１・２・３・４から一つ選びなさい。

11　大学への進学（　　　）は、年々増加(ぞうか)している。

1 倍　　2 度　　3 差　　4 率

12　文具(ぶんぐ)（　　　）は一箇所(いっかしょ)にまとめておきましょう。

1 類　　2 属　　3 種　　4 型

13　この本は家庭(かてい)料理（　　　）について紹介している。

1 全般(ぜんぱん)　　2 共通(きょうつう)　　3 全面(ぜんめん)　　4 共同(きょうどう)

問題４（　　　）に入れるのに最もよいものを１・２・３・４から一つ選びなさい。

14　論理の矛盾(むじゅん)を鋭(するど)く（　　　）されてあせった。

1 指摘(してき)　2 辞退(じたい)　3 支配(しはい)　4 協力(きょうりょく)

15　読書を通して知識を（　　　）。

1 つつむ　2 まねく　3 こめる　4 える

16　軽い散歩もストレス（　　　）には効果的です。

1 縮小(しゅくしょう)　2 削除(さくじょ)　3 停止(ていし)　4 解消(かいしょう)

17　彼はテーマと関係のない発言をして、会議の進行を（　　　）。

1 さまたげた　2 ふせいだ　3 えがいた　4 おぎなった

18　欠席の際は、（　　　）お知らせください。

1 あいにく　2 あらかじめ　3 あいかわらず　4 あたかも

19　久しぶりに外食に出かけたが、店は休みで（　　　）が閉まっていた。

1 メニュー　2 シャッター　3 ロッカー　4 ランプ

20　お昼の時間だから込んでいるかと思ったが、（　　　）すいていた。

1 ただちに　2 わりと　3 けっして　4 どうりで

問題５ ＿＿＿の言葉に意味が最も近いものを、１・２・３・４から一つ選びなさい。

21 家から会社まで約一時間かかる。

1 あと　2 およそ　3 わずか　4 ほんの

22 自分の欠点を努力でカバーする。

1 さまたげる　2 おぎなう　3 さからう　4 たしかめる

23 専門用語を用(もち)いて説明する。

1 おぎなって　2 ふさいで　3 つかって　4 まねて

24 これは部長からじかに聞いた話です。

1 直接　2 確実に　3 全部　4 相当

25 彼女のわがままな態度には、みんなあきれている。

1 勝手な　2 愉快な　3 粗末な　4 余計な

2회

問題6 次の言葉の使い方として最もよいものを、1・2・3・4から一つ選びなさい。

26 分解（ぶんかい）

1 図書館の本は分野別に分解（ぶんかい）して並べてある。
2 この植物（しょくぶつ）は日本の南の方にたくさん分解（ぶんかい）している。
3 電話機を分解（ぶんかい）し、受話器（じゅわき）の音が出ない原因を調べた。
4 集めたデータを分解（ぶんかい）して、論文を書いた。

27 ふりむく

1 優勝（ゆうしょう）をふりむいて、きびしい訓練（くんれん）をする。
2 丘（おか）の上からふりむいた景色はまるで映画の一場面のようだった。
3 後ろをふりむいたら、そこに友だちが立っていた。
4 田中（たなか）さんは営業（えいぎょう）の仕事にふりむいていると思う。

28 やや

1 また、やや遊びに来てください。待っています。
2 失敗したことがややいい勉強になった。
3 今年の夏は去年よりやや暑くなるという。
4 彼の部屋のあかりが消えている。やや留守だろう。

29 案（あん）の定（じょう）

1 交通事故にあったが、案（あん）の定（じょう）軽いけがで済（す）んだ。
2 今度の試験は難しいと思ったら、案（あん）の定（じょう）簡単だった。
3 連休中の空港は、案（あん）の定（じょう）かなり込んでいた。
4 店内には椅子とテーブルが案（あん）の定（じょう）と並んでいる。

30 あるいは

1 この書類をコピーして、あるいは、みんなに配ってください。

2 今日中にファックス、あるいは、メールで送ってください。

3 冬休みに温泉、あるいは、スキーに行きました。

4 この古い建築物(けんちくぶつ)は大きい、あるいは、有名な寺です。

問題１　＿＿＿の言葉の読み方として最もよいものを、１・２・３・４から一つ選びなさい。

1　畑（はたけ）で作物を育てる。

1 さくもつ　　2 さいもつ　　3 さもつ　　4 さんもつ

2　職業（しょくぎょう）を慎重に選択（せんたく）する。

1 しんじゅう　　2 しんちょう　　3 ちんじょう　　4 ちんちゅう

3　最近、食（しょく）の安全（あんぜん）が危うくなっている。

1 あぶうく　　2 あやうく　　3 わるうく　　4 わやうく

4　来月の下旬に旅行に行く予定です。

1 かしゅん　　2 かじゅん　　3 げしゅん　　4 げじゅん

5　その製品（せいひん）は、売上（うりあげ）全体の３０％を占めている。

1 うめて　　2 はめて　　3 しめて　　4 つめて

問題２ ＿＿＿の言葉を漢字で書くとき、最もよいものを１・２・３・４から一つ選びなさい。

6 不況(ふきょう)で事業のきぼを縮小(しゅくしょう)する。

1 規模　　2 期模　　3 規漠　　4 期漠

7 つねに安全を第一に考える。

1 等に　　2 毎に　　3 常に　　4 主に

8 問題を解く時間が足りなくてあせってしまった。

1 暴って　　2 焦って　　3 競って　　4 急って

9 彼は本当にれいぎ正しい人です。

1 札儀　　2 札義　　3 礼儀　　4 礼義

10 スマートフォンのふきゅうで、コミュニケーションが便利になった。

1 普給　　2 布及　　3 布給　　4 普及

問題３（　　　）に入れるのに最もよいものを１・２・３・４から一つ選びなさい。

11　近くの商店（　　　）に、買い物に行く。

１ 先　　２ 地　　３ 街　　４ 町

12　留学を通して、（　　　）文化を体験した。

１ 異　　２ 裏　　３ 違　　４ 離

13　決勝戦（けっしょうせん）で負けて、（　　　）優勝に終わった。

１ 準　　２ 次　　３ 副　　４ 前

問題４（　　　）に入れるのに最もよいものを１・２・３・４から一つ選びなさい。

14　意見の（　　　）を話し合いで解決する。

1 感覚(かんかく)　　2 区別(くべつ)　　3 相違(そうい)　　4 一致(いっち)

15　彼は事業に失敗して財産(ざいさん)を全部（　　　）しまった。

1 あまって　　2 うしなって　　3 ふやして　　4 まよって

16　貸した本を返すように（　　　）した。

1 強制(きょうせい)　　2 報告(ほうこく)　　3 引退(いんたい)　　4 催促(さいそく)

17　週末は家でテレビでも見ながら（　　　）過ごしたい。

1 ばったり　　2 ぴったり　　3 ぐっすり　　4 のんびり

18　予算(よさん)が（　　　）ため、計画は中止になった。

1 とじられた　　2 けずられた　　3 にげられた　　4 かぞえられた

19　本田(ほんだ)さんは周りの人から信頼(しんらい)されているので、チームの（　　　）に選ばれた。

1 ファン　　2 ゲスト　　3 リーダー　　4 ライバル

20　彼は（　　　）人だから、おもしろいことを言ってよくみんなを笑わせる。

1 あいまいな　　2 ゆかいな　　3 いだいな　　4 みごとな

問題5 ＿＿＿の言葉に意味が最も近いものを、1・2・3・4から一つ選びなさい。

21 判子（はんこ）がなければサインでも<u>差し支え</u>ありません。

1 仕方（しかた）　2 問題（もんだい）　3 満足（まんぞく）　4 不平（ふへい）

22 経済政策（せいさく）に関する首相（しゅしょう）の発言に<u>注目して</u>いる。

1 疑（うたが）って　2 びっくりして　3 関心を持って　4 感動して

23 <u>まもなく</u>2番線に電車がまいります。

1 いつか　2 いちおう　3 もうすぐ　4 やっと

24 両親は今まで私を<u>支えて</u>くれた。

1 クレームをつけて　2 オーバーして
3 アポイントして　4 サポートして

25 <u>再三</u>連絡したが返事がなかった。

1 いつも　2 すぐに　3 なんども　4 たまに

問題6 次の言葉の使い方として最もよいものを、1・2・3・4から一つ選びなさい。

26 差別（さべつ）

1 私は特に「か」と「が」の差別（さべつ）が苦手だ。
2 ゴミは、ちゃんと差別（さべつ）して出しましょう。
3 日本は、春、夏、秋、冬の差別（さべつ）がはっきりしている。
4 性別や職業（しょくぎょう）で人をの差別（さべつ）してはいけない。

27 著しい（いちじる）

1 法律（ほうりつ）に反する著しい（いちじる）やり方でお金をもうける。
2 政治（せいじ）に対する不満が著しく（いちじる）高まっている。
3 自分の責任（せきにん）を著しく（いちじる）認めて（みと）、謝罪（しゃざい）をする。
4 暗い夜道（よみち）を一人で歩くのは著しい（いちじる）ことだ。

28 夢中（むちゅう）

1 先生の話をもっと夢中（むちゅう）に聞きなさい。
2 母の病気が心配で、勉強に夢中（むちゅう）できない。
3 息子はゲームに夢中（むちゅう）で、勉強しようとしない。
4 私はそのとき、進学のことを夢中（むちゅう）に悩んでいた。

29 矛盾（むじゅん）

1 工場建設をめぐって、住民が賛成と反対に分かれて矛盾（むじゅん）している。
2 彼はいつもみんなで決めたことに矛盾（むじゅん）ばかりしている。
3 彼は言うことと行動が矛盾（むじゅん）していて、信用できない。
4 やさしい小林（こばやし）さんがそんなことまで言うとは矛盾（むじゅん）だった。

30 マスター

1 データをいくつかのマスターに分ける。

2 ひとつの外国語をしっかりマスターするのは非常に難しい。

3 円高（えんだか）によって、海外旅行がマスターとなっている。

4 制限（せいげん）時間をマスターする場合は、不合格になります。

1회 정답

1 ②	2 ④	3 ③	4 ①	5 ③	6 ④	7 ②	8 ③	9 ③	10 ②
11 ②	12 ③	13 ①	14 ③	15 ③	16 ②	17 ①	18 ②	19 ③	20 ④
21 ③	22 ③	23 ②	24 ②	25 ②	26 ④	27 ②	28 ③	29 ③	30 ①

1회 해석

| 문제1 |

1 新しく社員を雇う(やとう)ことにした。

새로 사원을 고용하기로 했다.

2 彼の怪我は順調(じゅんちょう)に回復している。

그의 부상은 순조롭게 회복되고 있다.

3 部長は、朝から機嫌(きげん)が悪そうだ。

부장님은 아침부터 기분이 안 좋은 것 같다.

4 幼い(おさない)娘と公園に出かける。

어린 딸과 공원으로 외출하다.

5 彼女はパーティーに姿(すがた)を現した。

그녀는 파티에 모습을 나타냈다.

| 문제2 |

6 日が暮れて、あたり(辺り)は真っ暗になった。

해가 저물어 주변은 캄캄해졌다.

7 物の値段は、じゅよう(需要)と供給の関係で決まる。

물건의 가격은 수요와 공급의 관계로 결정된다.

8 コンピュータのかんり(管理)は、とても大変だ。

컴퓨터 관리는 매우 힘들다.

9 海の汚染はしんこく(深刻)な問題である。

바다의 오염은 심각한 문제이다.

10 寝不足が続いて、体の調子をくずして(崩して)しまった。

수면 부족이 계속되어 몸 상태가 나빠졌다.

| 문제3 |

11 改札口の**真正面**に観光案内所がある。

개찰구 **바로 정면**에 관광 안내소가 있다.

12 **海沿い**の道を通って家に帰った。

해변가 길을 지나 집으로 돌아왔다.

13 あの建物はまだ**未完成**である。

저 건물은 아직 **미완성**이다.

| 문제4 |

14 この料理を作るには**手間**も時間もかかる。

이 요리를 만드는 데에는 **수고**도 시간도 든다.

15 彼の意見は問題点を**するどく**指摘している。

그의 의견은 문제점을 **날카롭게** 지적하고 있다.

16 このりんごは、**見かけ**はよくないけれど、味がいい。

이 사과는 **겉보기**는 나쁘지만 맛이 좋다.

17 友人から借金を頼まれたが、**きっぱり**断った。

친구로부터 돈을 빌려달라는 부탁을 받았지만 **단호하게** 거절했다.

18 収入と支出の**バランス**を考えて買い物をする。

수입과 지출의 **균형**을 생각하여 쇼핑을 하다.

19 大雨で川が溢れて、**莫大な**被害を受けた。

폭우로 강이 넘쳐서 **막대한** 피해를 입었다.

20 ここは世界的な観光地なので、外国人に**接する**機会が多い。

이 곳은 세계적인 관광지라서 외국인을 **접할** 기회가 많다.

| 문제5 |

21 約束の時刻に遅れたことを**詫びた**(=謝った)。

약속 시각에 늦은 것을 **사과했다**.

22 この地方に雪が降るのは**まれな**(=ほとんどない)ことだ。

이 지방에 눈이 내리는 것은 **드문** 일이다.

23 スーツを買うとき、店員に寸法(＝サイズ)を測ってもらった。

양복을 살 때 점원에게 치수를 재달라고 했다.

24 今度の試合では、おそらく(＝たぶん)島田選手が勝つだろう。

이번 시합에서는 아마 시마다 선수가 이길 것이다.

25 そんな派手は服装はみっともない(＝みぐるしい)よ。

그런 화려한 복장은 꼴불견이야.

| 문제6 |

26 このドラマはストーリーの展開が単純だ。

이 드라마는 스토리 전개가 단순하다.

27 彼女は小さいころから甘やかされて育ったらしい。

그녀는 어렸을 때부터 응석받이로 자란 것 같다.

28 昔から人間は自然を支配しようとしてきた。

예로부터 인간은 자연을 지배하려고 해 왔다.

29 Ａ社から期間限定のビールが来週発売される。

A사에서 기간 한정 맥주가 다음 주에 발매된다.

30 部屋がひどく散らかっていたので、子供に片付けさせた。

방이 심하게 어질러져 있어서 아이에게 치우게 했다.

2회 정답

1 ②	2 ①	3 ④	4 ④	5 ③	6 ②	7 ②	8 ④	9 ①	10 ②
11 ④	12 ①	13 ①	14 ①	15 ④	16 ④	17 ①	18 ②	19 ②	20 ②
21 ②	22 ②	23 ③	24 ①	25 ①	26 ③	27 ③	28 ③	29 ③	30 ②

2회 해석

| 문제1 |

1 相手の提案を快く(こころよく)受け入れる。
상대방의 제안을 흔쾌히 받아들이다.

2 このテーブルは頑丈(がんじょう)にできている。
이 탁자는 튼튼하게 만들어졌다.

3 歯の治療(ちりょう)を受ける。
치아 치료를 받다.

4 川の岸(きし)にたくさんの花が咲いている。
강기슭에 많은 꽃이 피어 있다.

5 二つのチームが優勝を競って(きそって)いる。
두 팀이 우승을 겨루고 있다.

| 문제2 |

6 地震にそなえて(備えて)食べ物や水を用意する。
지진에 대비하여 음식과 물을 준비하다.

7 しばふ(芝生)の中に入らないでください.
잔디밭에 들어가지 마세요.

8 窓から遠くの山をながめる(眺める)。
창에서 먼 산을 바라보다.

9 住宅地の開発で、しんりん(森林)が消えている。
주택지 개발로 삼림이 사라지고 있다.

10 その記者は大臣にするどい(鋭い)質問をした。
그 기자는 장관에게 날카로운 질문을 했다.

| 문제3 |

11 大学への進学率は、年々増加している。
대학 진학률은 해마다 증가하고 있다.

12 文具類は一箇所にまとめておきましょう。
문구류는 한곳에 모아둡시다.

13 この本は家庭料理全般について紹介している。
이 책은 가정 요리 전반에 대해 소개하고 있다.

| 문제4 |

14 論理の矛盾を鋭く指摘されてあせった。
논리의 모순을 날카롭게 지적 받아 초조했다.

15 読書を通して知識をえる。
독서를 통해 지식을 얻다.

16 軽い散歩もストレス解消には効果的です。
가벼운 산책도 스트레스 해소에는 효과적입니다.

17 彼はテーマと関係のない発言をして、会議の進行をさまたげた。
그는 주제와 상관없는 발언을 해서 회의 진행을 방해했다.

18 欠席の際は、あらかじめお知らせください。
결석할 때에는 미리 알려 주세요.

19 久しぶりに外食に出かけたが、店は休みでシャッターが閉まっていた。
오랜만에 외식하러 나갔는데 가게는 쉬는 날이어서 셔터가 닫혀 있었다.

20 お昼の時間だから込んでいるかと思ったが、わりとすいていた。
점심시간이라 붐빌 것이라고 생각했는데 비교적 한산했다.

| 문제5 |

21 家から会社まで約(＝およそ)一時間かかる。
집에서 회사까지 약 한 시간 걸린다.

22 自分の欠点を努力でカバーする(＝おぎなう)。
자신의 결점을 노력으로 보완하다.

23 専門用語(せんもんようご)を用(もち)いて(＝つかって)説明(せつめい)する。

전문 용어를 **사용하여** 설명하다.

24 これは部長(ぶちょう)からじかに(＝直接(ちょくせつ))聞(き)いた話(はなし)です。

이것은 부장님으로부터 **직접** 들은 이야기입니다.

25 彼女(かのじょ)のわがままな(＝勝手(かって)な)態度(たいど)には、みんなあきれている。

그녀의 **제멋대로인** 태도에 모두들 어이없어 하고 있다.

| 문제6 |

26 電話機(でんわき)を分解(ぶんかい)し、受話器(じゅわき)の音(おと)が出(で)ない原因(げんいん)を調(しら)べた。

전화기를 **분해**하여 수화기에서 소리가 나지 않는 원인을 조사했다.

27 後(うし)ろをふりむいたら、そこに友(とも)だちが立(た)っていた。

뒤를 **돌아보니** 거기에 친구가 서 있었다.

28 今年(ことし)の夏(なつ)は去年(きょねん)よりやや暑(なつ)くなるという。

올 여름은 작년보다 **다소** 더워진다고 한다.

29 連休中(れんきゅうちゅう)の空港(くうこう)は、案(あん)の定(じょう)かなり込(こ)んでいた。

연휴 중의 공항은 **아니나 다를까** 꽤 붐볐다.

30 今日中(きょうじゅう)にファックス、あるいは、メールで送(おく)ってください。

오늘 중으로 팩스 **혹은** 메일로 보내주세요.

3회 정답

1 ①	2 ②	3 ②	4 ④	5 ③	6 ①	7 ③	8 ②	9 ③	10 ④
11 ③	12 ①	13 ①	14 ③	15 ②	16 ④	17 ④	18 ②	19 ③	20 ②
21 ②	22 ③	23 ③	24 ④	25 ③	26 ④	27 ②	28 ③	29 ③	30 ②

3회 해석

| 문제1 |

1 畑で作物(さくもつ)を育てる。
밭에서 작물을 재배하다.

2 職業を慎重(しんちょう)に選択する。
직업을 신중하게 선택한다.

3 最近、食の安全が危うく(あやうく)なっている。
최근 식품 안전이 위태로워지고 있다.

4 来月の下旬(げじゅん)に旅行に行く予定です。
다음 달 하순에 여행을 갈 예정입니다.

5 その製品は、売上全体の３０％をしめて(占めて)いる。
그 제품은 전체 매출의 30%를 차지하고 있다.

| 문제2 |

6 不況で事業のきぼ(規模)を縮小する。
불황으로 사업 규모를 축소하다.

7 つねに(常に)安全を第一に考える。
항상 안전을 제일로 생각한다.

8 問題を解く時間が足りなくてあせって(焦って)しまった。
문제를 풀 시간이 부족해서 초조해졌다.

9 彼は本当にれいぎ(礼儀)正しい人です。
그는 정말로 예의 바른 사람입니다.

10 スマートフォンのふきゅう(普及)で、コミュニケーションが便利になった。
스마트폰의 보급으로 커뮤니케이션이 편리해졌다.

| 문제3 |

11 近くの商店街に、買い物に行く。

근처 상점가에 쇼핑하러 간다.

12 留学を通して、異文化を体験した。

유학을 통해서 이문화를 체험했다.

13 決勝戦で負けて、準優勝に終わった。

결승전에서 져서 준우승에 그쳤다.

| 문제4 |

14 意見の相違を話し合いで解決する。

의견 차이를 대화로 해결하다.

15 彼は事業に失敗して財産を全部うしなってしまった。

그는 사업에 실패하여 재산을 전부 잃어 버렸다.

16 貸した本を返すように催促した。

빌려준 책을 돌려주도록 재촉했다.

17 週末は家でテレビでも見ながらのんびり過ごしたい。

주말은 집에서 TV라도 보면서 여유롭게 보내고 싶다.

18 予算がけずられたため、計画は中止になった。

예산이 삭감되었기 때문에 계획은 중지되었다.

19 本田さんは周りの人から信頼されているので、チームのリーダーに選ばれた。

혼다 씨는 주위 사람들로부터 신뢰 받고 있기 때문에 팀의 리더로 선택되었다.

20 彼はゆかいな人だから、おもしろいことを言ってよくみんなを笑わせる。

그는 유쾌한 사람이라 재미있는 말을 해서 자주 모두를 웃게 만든다.

| 문제5 |

21 判子がなければサインでも差し支え(＝問題)ありません。

도장이 없으면 사인도 문제없습니다.

22 経済政策に関する首相の発言に注目して(＝関心を持って)いる。

경제 정책에 관한 총리의 발언에 주목하고 있다.

23 間もなく(＝もうすぐ) 2番線に電車がまいります。

이제 곧 2호선에 전철이 들어옵니다.

24 両親は今まで私を支えて(＝サポートして)くれた。

부모님은 지금까지 나를 지원해 주셨다.

25 再三(＝なんども)連絡したが返事がなかった。

여러 번 연락했지만 답장이 없었다.

| 문제6 |

26 性別や職業で人をの差別してはいけない。

성별이나 직업으로 사람을 차별해서는 안 된다.

27 政治に対する不満が著しく高まっている。

정치에 대한 불만이 현저하게 높아지고 있다.

28 息子はゲームに夢中で、勉強しようとしない。

아들은 게임에 빠져 공부하려고 하지 않는다.

29 彼は言うことと行動が矛盾していて、信用できない。

그는 말하는 것과 행동이 모순되어 있어서 신용할 수 없다.

30 ひとつの外国語をしっかりマスターするのは非常に難しい。

하나의 외국어를 제대로 마스터하는 것은 매우 어렵다.